JN300881

世界皇帝をめざす男

習近平の本心に迫る

大川隆法
RYUHO OKAWA

まえがき

ついに本命《ほんめい》というか、日本への脅威《きょうい》の正体が明らかになった。現代中国が世界最強へと駆《か》けのぼろうとしている時に現れた男『習近平《しゅうきんぺい》』。ヒトラーを「小さな人物」、ドイツ第三帝国を「小さな帝国」と評してはばからない男。そして自らを世界帝国「元《げん》」をつくった「チンギス・ハン」の再来だと名乗りを上げた人物。

宗教家としての良心に照らして述べるが、これは本当だと思う。果たして民主党政権の、菅《かん》氏や仙谷《せんごく》氏で、「チンギス・ハン」に対抗できるのか。自民党の谷垣《たにがき》総裁で対抗できるのか。この国の国民には、もはや残された選択肢《せんたくし》はないのか。

日本国民に申し上げる。いまださささやかな力しか持ちえていないが、「幸福実現党」にパワーをお授《さず》け頂きたい。ここが日本の実際の『国家戦略室』なのだから。

二〇一〇年　十月二十六日

幸福実現党創立者兼党名誉総裁《こうふくじつげんとうそうりつしゃけんとうめいよそうさい》　大川隆法《おおかわりゅうほう》

世界皇帝をめざす男　目次

世界皇帝《こうてい》をめざす男

――習近平《しゅうきんぺい》の本心に迫《せま》る――

二〇一〇年十月二十一日　習近平守護霊《しゅごれい》の霊示

9　習近平守護霊の驚《おどろ》くべき「正体」　145

世界皇帝《こうてい》をめざす男

——習近平《しゅうきんぺい》の本心に迫《せま》る——

二〇一〇年十月二十一日　習近平守護霊《しゅごれい》の霊示《れいじ》

習近平《しゅうきんぺい》（一九五三～）

中華《ちゅうか》人民共和国の政治家。父親は習仲勲《しゅうちゅうくん》元副首相。いわゆる太子党《たいしとう》（党高級幹部の子弟《してい》グループ）の一人。二〇〇七年に政治局常務委員に大抜擢《だいばってき》され、党指導部入りを果たす。翌二〇〇八年の全国人民代表大会で国家副主席に選出、二〇一〇年十月の中央委員会総会で党中央軍事委員会副主席に選出された。これにより、胡錦濤《こきんとう》国家主席の後継者《こうけいしゃ》となることが事実上確定した。

質問者

松島弘典《まつしまひろのり》（幸福実現党幹事長）

里村英一《さとむらえいいち》（宗教法人幸福の科学広報局長）

［役職は収録時点のもの］

1　次期国家主席・習近平氏の人物を探《さぐ》る

習近平氏については情報が足りない

大川隆法　今朝は、中国の温家宝《おんかほう》首相守護霊《しゅごれい》と北朝鮮《きたちょうせん》の三代目・金正恩《キムジョンウン》守護霊の霊言集《れいげんしゅう》の原稿を校正していたのですが（『温家宝守護霊が語る　大中華帝国《だいちゅうかていこく》の野望』〔幸福実現党刊〕）、ちょうど、中国のほうでは、中国共産党の総会があり、今、副主席になっている習近平氏が、二年後の二〇一二年には、どうやら次の最高指導者になることが、ほぼ固まったようであります。何か不測の事態が起きないかぎり、そうなるだろうと思われます。

そうすると、おそらく、首相には李克強《りこくきょう》氏が就任し、「習近平―李克強」体制になるだろうと思います。

一方、私が出した霊言集や予言書等を見ると、二〇一〇年から二〇二〇年ぐらいにかけて、日本に対する非常に危機的な予言がなされており、その〝震源地《しんげんち》〟は、中国らしいという内容が出ています。

現在の体制においても、すでに日本に関する路線は敷《し》かれているのだろうとは思いますが、次の国家主席になる習近平氏に、「日本が最期《さいご》になるかどうか」が懸《か》かっていると思われます。

したがって、いち早く、「この人が、どんな人物であるか」を知らせることは、大きな意味があるのではないでしょうか。まだ情報としては少し足りないと思うのです。

みなさんのなかには、習近平という人をよく知らない方もいるかもしれませんが、この人は、去年（二〇〇九年）の十二月に、天皇陛下に緊急謁見《きんきゅうえっけん》をした人です。天皇陛下と会見をするには、「三十日ルール」というものがあり、三十日以上前に申し入れをしていないと会えないことになっているのですが、そのルールを破って、「天皇に会わせろ」と無理やりねじ込《こ》み、当時の小沢一郎幹事長の根回しによって、天皇陛下との会見が実現しました。

中国側があれだけ強く要請《ようせい》してきた理由は、天皇陛下との会見を行うことにより、「次の国家主席になるための布石を打ち、それを天下に知らしめたい」ということであったのです。

現在の胡錦濤《こきんとう》主席も、副主席のときに天皇陛下との会見を行っているため、それをすることで、習近平氏が後継者《こうけいしゃ》であるということを固めようとしたのだと思います。かなり強引《ごういん》でしたが、そういう背景があったわけです。

権力闘争《とうそう》に勝ち、次の国家主席の座を確実にした

今回、中央軍事委員会副主席に選出され、軍のナンバーツーになったことで、次の国家主席になることが確実視されていますが、本来、このポストには、去年、就任するのではないかと言われていたのです。ところが、去年は就任しなかったので、どうなるのだろうと思われていました。

今年、やっと就任できたわけですが、おそらく、一年ぐらいの間、かなりの勢力抗争《こうそう》があったものと推定されます。昨年末に天皇陛下と会って既成《きせい》事実をつくり、さらに、今年の権力闘争《とうそう》に勝ったのだと思われます。

この習近平氏と、先般《せんぱん》の温家宝首相との関係がどうなっているのかは分かりません。

今までの党の序列では、習近平氏が六位、李克強氏が七位にいて、その上の五位までは、二〇一二年に引退する世代の方々であると思われます。

実は、李克強氏は、胡錦濤主席の子飼《こが》いというか、ずいぶん前から目をかけて育てられていたホープ的存在であり、この人のほうが先に頭角を現わしていたのです。

その間、習近平氏のほうは、出世が遅《おく》れていて、地方都市の首長《しゅちょう》や省の知事のようなことをしていました。

ただ、彼の奥《おく》さんは有名な歌手で、日本で言えば紅白歌合戦のような年末の国民的大祭典で最後の「とり」を務めるような人であるようです。そのため、習近平氏自身というよりも、奥さんが有名な大歌手であるということで知られている方です。

習近平氏は、二〇〇七年ぐらいに、突如《とつじょ》、上層部に現れてきた人です。李克強氏を逆転して上へ上がってきました。年齢《ねんれい》的には習近平氏のほうが二歳《さい》ぐらい上だと思うのですが、はたして、「習近平主席―李克強首相」のコンビが成り立つのかどうか、現在の「胡錦濤主席―温家宝首相」体制のようになるのかどうかが、今後、注目されるところです。

日本の命運を握《にぎ》る習近平氏

このあたりの人たちが、日本の命運を握《にぎ》っているはずです。

すでに、胡錦濤守護霊（『国家社会主義とは何か』〔幸福の科学出版刊〕第3章参照）や温家宝守護霊の霊言は収録が終わっているので、とりあえず、今日は、習近平氏一本に絞《しぼ》って収録したいと思います。

この人がどんな人物であるかを探《さぐ》ることができれば、日本の国家的利益は計り知れないものがあります。二年後の国家主席であるとしても、もうすでに確定したのであれば、今後は習近平氏の考えがそうとう大きく影響《えいきょう》し、国家戦略として出てくると推定されます。

したがって、この人がどういう考えを持っているかをつかんでおくことは、日本の国家戦略上、極《きわ》めて重要です。幸福の科学に〝国家戦略室〟があるというのは、おかしいと言えばおかしいことですが、政府に成り代わり、国家戦略室として、対策を立てておく必要があると思うのです。

そこで、この人が、どういう人物であるのか、どういう考え方を持っているのかについて、いろいろな点から斬《き》り込み、マスコミ人に代わって、そのポイントを聞き出していただければありがたく思います。

（質問者に対して）大物は大物なので、使命は大きいですよ。場合によっては、次のアメリカ大統領よりも大きな権力を持つ可能性があり、世界帝国のトップに立つ可能性のある方なので、頑張《がんば》って斬り込んでください。

幸福実現党の幹事長のレベルで謁見が許される相手かどうかは分かりません。一喝《いっかつ》されて終わりかもしれないので、難しい相手だとは思いますが、頑張ってください。

私も、初コンタクトであり、どんな人かは知りません。ものすごく底が深いか、怖《こわ》いか、嘘《うそ》つきか、ちょっと得体の知れない人です。

2　毛沢東《もうたくとう》と文化大革命についての評価

大川隆法　（質問者に対して）それでは、いいですか。やりますよ。どのくらいの人か分かりませんが。

（深呼吸を五回行う）

中国の次期国家主席予定者、習近平氏の守護霊よ。

中国の次期国家主席予定者、習近平氏の守護霊よ。

願わくは、幸福の科学総合本部に来たりたまいて、その本心を明かしたまえ。

習近平氏の守護霊よ。
願わくは、幸福の科学総合本部に来たりて、その本心を明かしたまえ。

（約一分三十秒間の沈黙《ちんもく》）

習近平守護霊　アッハッハッハッハッハッハッハッハ、ハッハ、ハッハッハッハ。

松島　習近平さんの守護霊様でしょうか。

習近平守護霊　ハハッ、そうだ。

松島　本日は、幸福の科学総合本部の礼拝室までお越《こ》しくださり、まことにありがとうございます。

習近平守護霊　うーん。朝貢《ちょうこう》に来たか。うーん、やはり来たか。

松島　いえ。

習近平守護霊　早いではないか。

松島　このたび、中国の次期最高指導者に決定されましたこと、まことにおめでとうございます。

習近平守護霊　うーん。ハッハッハッハ、アッハッハッハッハッハ。ありがとう。

日本の地図でも持ってきたか。

松島　いえいえ、持ってきてはいません。

習近平守護霊　うん？　何を貢物《みつぎもの》で用意した？

松島　今日は初めてでございますので、まず……。

習近平守護霊　ああ、手ぶらか。手ぶら。あ、そう。

松島　習近平さんの人となりにつきまして、隣国《りんごく》である日本の国民や、また、世界の方々に、ぜひ、紹介《しょうかい》させていただきたいと思っております。

習近平守護霊　ああ、それは君、大事な仕事であるなあ。

松島　よろしくお願いいたします。

習近平守護霊　うーん。

次期国家主席であっても、言葉を選ばないと万一のことがある

松島　日本においては、一年ぐらいで総理大臣がコロコロと替《か》わっておりますが、中国には、この六十年間に、国家主席といいますか、いわゆる最高指導者が、四人ぐらいしかおられません。

そこで、初めに、毛沢東《もうたくとう》さん、鄧小平《とうしょうへい》さん、江沢民《こうたくみん》さん、そして、現在の主席である胡錦濤《こきんとう》さんの四名について、それぞれの業績や、習近平さんからご覧になられての評価を、お話しいただければと思います。

習近平守護霊　君、歴史学者かね?

松島　いいえ、そうではございません。

習近平守護霊　うん? 中国の国家主席の後継者《こうけいしゃ》に、前任者たちの〝勤務評定〟を言えというのかい?

松島　感想でも結構でございます。

習近平守護霊　今、それを言うと、まだ二年間は、君、まずいんじゃないか。

松島　はい、そうかもしれませんね。

習近平守護霊　君が、それを悪用した場合には、万一ということもないわけではないからね。「そんなに、わしらのことを低く評価しておったのか」というようなことになったら、君、どこに落とし穴があるか分からんではないか。

松島　そうですか。

習近平守護霊　だから、それは、言葉をそうとう選ばないといけない。中国という国は、とても怖《こわ》い国である。次期主席であろうとも、「闇《やみ》から闇へ」ということもないわけではないので、言葉は選ばせてもらわなければいかんよ。いいかな？

だから、「大人の言葉」で話をするから、「大人の言葉」を、「大人の耳」で聴《き》き取って、解釈《かいしゃく》するがよい。いいかな？

松島　はい。

毛沢東《もうたくとう》は、経済が分からなかった

習近平守護霊　それで？　毛沢東《もうたくとう》？

松島　はい。

習近平守護霊　ああ、毛沢東はね、公式的には「建国の父」であるからして、それは偉大《いだい》な方でありますよ。

だから、それは、ユダヤの建国のモーセなんかよりも、ずっと巨大《きょだい》な国を建てたのであるからして、モーセなんかよりも、遙《はる》かに偉《えら》い方でなければならないし、アメリカ建国の父のジョージ・ワシントンと比べても、毛沢東のほうが、巨大国家であるがゆえに、偉大である。

偉大なカリスマであり、抗日《こうにち》のシンボルとなったという意味において、かつての秦《しん》の始皇帝《しこうてい》にも匹敵《ひってき》するような方であるというのが、中国共産党に在籍《ざいせき》する者としての公式的な見解として、述べられることである。

あと、「大人の会話として、どう言うか」ということを、少しだけコメントするとすれば、やはり、「経済が分からなかった」というところはあるかもしれない。

中国が独立国家として建国されて以降、経済の離陸《りりく》の部分が後《おく》れを取ったのは、ある意味では、毛沢東氏の後半の、まあ言葉を選ばねばならぬが、何と言うか、「脱皮《だっぴ》し損《そこ》ねた部分」ではあろうかとは思う。

軍事的な英雄《えいゆう》は、えてして、そういう経済的な、あるいは、統治の英雄には、なかなかなれないことが多い。日本でいえば、西郷隆盛が、幕府を倒《たお》すリーダーであったとしても、明治の時代に、統治の英雄・リーダーとしては、やはり機能しなかったようなところがあったな。

ただ、天寿《てんじゅ》は全《まっと》うなされたから、西郷のような最期《さいご》にはならなかったけれども、この点についての私たちの認識は、ほぼ一致《いっち》している。

だから、まあ、「長生きしすぎた」という言い方をしては、クビが飛ぶので、言ってはならないとは思うけれども、現実は、ちょっと、そういうところはあったと思う。

文化大革命は、新しい国づくりにおける一つの試練だった

司会　私のほうからお伺《うかが》いします。習近平さんのご著書を読みますと、毛沢東さんの文化大革命において、お父様と共に、かなり苦汁《くじゅう》をなめられ、苦しい時代を送られたということが書かれています。

これが、習近平さんが政治の世界に入る始まりだったのではないかと、私は思っているのですが。

習近平守護霊　君、中国には、タブーが多いから気をつけないといけないんだよ。

最後の最後まで、油断してはいけないんだよ。

文革《ぶんかく》はね、それは、みんな、思いはいろいろさ。うーん。思いはいろいろあるよ。だけども、「成功だ」と思っている人は、まあ、いないだろうなあ。

ただ、新しい国家づくりとして、試行錯誤《しこうさくご》する権利はあるじゃないか。そういう意味で、どのように国家をつくっていくべきかということについて、多少の代《だい》償《しょう》があったことは、しかたがないわな。

個人的な恨《うら》みとか、一族や親族の恨みとか、そのようなものは、数えればいくらでも出てくるであろうとは思うけれどもね。まあ、一つの試練ではあったかな。あの試練が、その次のステップへと、この国を変えていったのだ。何かをやってみて、駄目《だめ》だったら、その反対をやるわけだからね。だから、マイナスではあったかもしらんけれども、やはり、必要なマイナスであったかなとは思う。

3　親日派という報道は本当か

松島　習近平さんは、中国共産党最高幹部の子弟《してい》、つまり太子党《たいしとう》であるにもかかわらず、そういう苦労をされたということで、新聞等では、大人物といいますか、民《たみ》の気持ちが分かる政治家であると報道されています。

習近平守護霊　まあ、私は、地方からの叩《たた》き上げに当たるのでね。君、よく知ってるね。まあ、太子党というのは、プリンス党という意味だけども、私は、そのわりには、けっこう下積みというかな、地方の首長《しゅちょう》あたりから上がってきたんだ。まさか、ここまで来るとは、誰《だれ》も予想していなかったと思うんだよ。地方レベルの人材と思われていたしな。

先ほど、〝光栄な〟紹介《しょうかい》もあったが、妻のほうが国民的に有名で、私は、田舎《いなか》の市長レベルの人物で、ヒモ男のような扱《あつか》いだな。まあ、君らの言葉で言やあ、そういう扱いであって、非常に、耐《た》えることを知っている人間ではあるよ。

松島　それに加えて、沿海部もよく回られているので、「経済にも明るい」と、一般的《いっぱんてき》には言われていますが。

習近平守護霊　それは、そうだね。まあ、あまりにも中枢部《ちゅうすうぶ》に長くいすぎると、分からなくなるからね。

しかし、私は、現実の市民、あるいは省レベルの人々の暮らしをよくするということを勉強してきたのでね。

まあ、アメリカの大統領は、州知事の経験者がよくなるじゃないか。実際の統治の能力、それから、治められた側の人気等で、「試《ため》し」をしてから、大統領になるじゃないか。ある意味では、それに似た感じの経歴かな。

松島　各報道機関の報道を見ましても、「経済に明るく、軍にもいたので、非常にバランスが取れている」という言い方が多いようです。

また、親日派とも言われています。

習近平守護霊　フッ。

松島　それで、習近平さんを推《お》したのが上海《シャンハイ》閥《ばつ》の江沢民《こうたくみん》派であると聞いています。

江沢民さんの前までは、ずっと親日派の指導者だったと思われますが、江沢民さんが国家主席だったときに、反日キャンペーンを張られ、日本との関係が非常に冷えたことがありました。

習近平さんも親日派と見られていますが、日本に対して、どのようなイメージを持たれているのか、お聴《き》かせいただきたいと思います。

習近平守護霊　うーん。まあ、君は親日派と分類したわけね。

松島　分からないところが多いのですが、親台派《しんたいは》とか、親日派とか、そのように報道されています。

習近平守護霊　まあ、鄧小平《とうしょうへい》さんも江沢民さんも、南岸《なんがん》、上海系の経済的な勢力の支持を得ていたからね。だから、経済の面を通せば、日本との交流というのは重要であったから、親日派に見えた面はあるだろう。私も、そういう支持基盤《きばん》があるので、そう見られる面もあることはあるけれどもね。
ただ、私の本質は、実は経済だけではない。うーん。私の本質は「皇帝《こうてい》」だ。

松島　皇帝ですね？

習近平守護霊　うん。「皇帝のなかの皇帝」が、私だ。

4　中国は、皇帝《こうてい》を戴《いただ》いた〝民主主義国家〟

劉《りゅう》氏へのノーベル平和賞授賞は、内政干渉《かんしょう》に当たる

松島　今、世界にあって、唯一《ゆいいつ》、最高指導者のことを「皇帝《こうてい》」と言えるのは、まさに、中国ではないかと思います。

習近平守護霊　うん、そうだね。

松島　私たちは、これまで、毛沢東《もうたくとう》さんや鄧小平《とうしょうへい》さん、胡錦濤《こきんとう》さんの守護霊《しゅごれい》、温《おん》

家宝《かほう》さんの守護霊をお呼びして、いろいろな話を聴《き》かせていただきましたが、みなさん、「自分は皇帝である」というような意識を持っておられました（『マルクス・毛沢東のスピリチュアル・メッセージ』『アダム・スミス霊言による「新・国富論」』『国家社会主義とは何か』〔いずれも幸福の科学出版刊〕、『温家宝守護霊が語る　大《だい》中華帝国《ちゅうかていこく》の野望』〔幸福実現党刊〕参照）。

しかし、世界は、民主主義のほうへと移ってきているわけです。そのなかにあって、皇帝を自認し、自国を大帝国のように意識することは、世界から、反感を招くというか、危険視されるのではないでしょうか。

例えば、ノーベル平和賞の劉暁波《りゅうぎょうは》さんの件もそうですし、尖閣《せんかく》諸島の問題もそうだと思います。

習近平守護霊　まあねえ。ノーベル平和賞とかは、君、話が小さいよな。

松島　しかし、それに表われているのではないでしょうか。

習近平守護霊　ノルウェーの委員会が、誰《だれ》に賞を出そうと、それは勝手だけどさ。それは勝手だけど、国家の統治の原理を乱すほどの権力を、彼らに与《あた》えるわけにはいかんわな。それは、私でなく、誰が見ても、そんな……。

松島「ノルウェーの委員会に」ということですか。

習近平守護霊　ああ。ノルウェーの委員会が、功労のあった人を表彰《ひょうしょう》するのは勝手だよ。だけど、裏の意図があるね。中国の政治体制に楔《くさび》を打ち込《こ》む目的を、明らかに持っているじゃないか。な？

それは、君らの得意な言葉で言えば、内政干渉《かんしょう》に当たるんじゃないか。

松島　しかし、中国の覇権《はけん》主義といいますか、軍拡は、近隣《きんりん》諸国への脅威《きょうい》になっているので、中国だけの問題ではないと思います。

習近平守護霊　まあ、君らで言えばさあ、「天皇制反対」をやって逮捕《たいほ》された左《さ》翼《よく》テロリストが、刑務所《けいむしょ》に入っている段階で、ノーベル平和賞を受賞したら、日本国民は、それが大々的に報道されることを望むかね？　立場を変えりゃ、そういうことだよ。

松島　ただ、天皇に反対しただけでは、日本では逮捕されません。

習近平守護霊　だけど、十万人なら十万人のデモ隊を組織し、皇居を取り囲んでだね、例えば、皇居に向かってバズーカ砲《ほう》を撃《う》ち込む計画を持っているような者が、逮捕され、刑務所に入れられていて、それにノーベル平和賞が出たら、君らは、「ノーベル賞は正しい」と言って、それを手放しで喜ぶかい?

松島　それは、中国の発表と、それ以外の国の発表との、信憑性《しんぴょうせい》の違《ちが》いもあると思います。

習近平守護霊　うーん。

中国は、民主主義をやっているつもりだ

松島　中国は言論統制をしていますし、また、二十年前には、天安門《てんあんもん》事件もありました。そういうなかで、劉さんのような……。

習近平守護霊　まあ、でもなあ。君に、こういうことを言ったら失礼かもしらんけども、りゅう……。

松島　劉暁波さん。

習近平守護霊　いや、そういう言い方はしたくないね。まあ、死刑囚《しけいしゅう》じゃないが、いちおう犯罪人になっとるのでな。国家の中枢部《ちゅうすうぶ》にいる者が、そういう人を肯定《こうてい》する発言をしたら、国家としての統治の原理は崩壊《ほうかい》する。それは、「われわれは、正しい法秩序《ほうちつじょ》を持っていない」ということを認めることになるからね。

「法秩序が正しいかどうか」ということは、国によって違うとは思うが、君らから言えば、今の中国は、戦前の日本みたいなファッショ体制なんだろうけれども、これでも、人民の大会は行われているし、いちおう政権交代は行われるわけだよ。引退も、あるわけだからね。

まあ、そういう意味では、全然、民主主義的素地がないとは言わせない。いちおう党大会で、指導者等は決めるわけだからね。

そういう意味で、君らが思っているものとは違うのかもしれないが、君らが、天皇制を戴《いただ》きつつ、議会制民主主義をやっているつもりでいるらしいのと同じように、われらも、皇帝主義を持ちつつ、議会制民主主義をやっているつもりなんだよ。お互《たが》い、言い分はあろうが、それは文化を背負っておるからね。

松島　はい。

習近平守護霊　私らから見れば、あるいは、ほかの国から見りゃあ、天皇制を戴いた民主主義なんてのは、笑い話さ。君らは、それで、正しいと信じ込んでるだろう？　だけど、投票で選べない人がトップなんだからね。

うちは、国家主席がトップだけども、少なくとも、これは選べるんだよ。まあ、十年ぐらいやるけどね。いちおう選べるので、アメリカの大統領制と似たようなところはあるわけだし、業績についての判定が出て、失脚《しっきゃく》するときは、失脚しますからね。だから、日本よりは、民主主義的な体制なんですよ、少なくとも選出過程を見るかぎりはね。

あと、「国民が圧迫《あっぱく》されていて、不自由かどうか」についての議論は、人数が多いから分からない。全体的に日本人のほうが裕福《ゆうふく》であることは認めるけども、「どちらが幸福なのか」ということについては、お互い異論があるんじゃないか。

松島　それについては、おそらく内政干渉というようなところもあると思いますし、あまり時間もありませんので……。

習近平守護霊　ゆっくりやろうよ、君。そんなに急ぐなよ。君ね、中国の〝皇帝〟を迎《むか》えて、そんなに急いじゃいけないよ。夕食には、中華料理が運ばれてくるんだろう？　まあ、ゆっくり行こうじゃないか。

松島　（苦笑）ありがとうございます。

習近平守護霊　料理を順番に運び込んで、食いながら話をしようじゃないか。

司会　まあ、時間はありますので……。

習近平守護霊　ゆっくり、ゆっくり、ゆっくりだよ、君。

5　霊査《れいさ》が明かす、権力闘争《とうそう》の内幕

尖閣《せんかく》事件をめぐる騒動《そうどう》は、温家宝《おんかほう》首相を失脚《しっきゃく》させるための陰謀《いんぼう》

司会　少しゆっくり行きますけれども、まず重要なものから、質問させていただきたいと思います。

先般《せんぱん》、実は、温家宝《おんかほう》首相の守護霊をお呼びしたのですが、「次の国家主席は、習近平さんではないのですか」と質問すると、驚《おどろ》いたことに、「それは分からない。要するに、軍部を味方につけるかどうかで変わってくる。このあたりで、今、胡《こ》錦濤《きんとう》主席と戦っているところだ」というようにお答えになりました。

また、温家宝首相は、「世界を回ってPRし、点数を稼《かせ》ごうとしている」ともおっしゃっていました。今、中国の指導部では、いったい、何が行われているのか、このあたりの内情について、教えていただきたいと思います。

習近平守護霊　まあ、あれも、刑務所《けいむしょ》に入る可能性があるからね。

司会　習近平さんの周りで、いったい、どういう対立が起きているのでしょうか。

習近平守護霊　いちおう、中国も、世界の大国のなかに入ってきているから、いろいろと報道され、批判を受ける立場になりつつあるのでね。だから、指導者としての業績に対する批判は出るわけよ。

だから、温家宝の業績というのは、やっぱり、出ることは出るわけでね。うーん、まあ、彼は、鳩山《はとやま》民主党を応援《おうえん》するのに失敗しただろうし、最近は、尖閣《せんかく》諸島の漁船問題か？　君らは騒《さわ》いでるけどさ、あれの片付けに失敗し、国際世論のなかで中国が孤立《こりつ》して追い詰《つ》められるようなことがあったら、温家宝のクビを差し出さないと収まらんだろうね。

司会　尖閣事件は、江沢民《こうたくみん》派が仕掛《しか》けたという噂《うわさ》も流れていますが。

習近平守護霊　そんな噂があったって、事実上、役職に就《つ》いている者が、やっぱり、やったあとのことは考えないといけないわな。

司会　「事件の解決について、考えないといけない」ということですね？

習近平守護霊　うん。責任は、やはり、その立場にある者にある。だから、今、彼は責任を取らされているわけよ。

それで世界を弁明して回っているわけだし、日本に対しても強硬《きょうこう》なことを言ったりして、悪役も、一部、演じておるだろう？　あれは、国家としては、彼に責任を取らせるという戦略、つまり、彼のクビで最後は決着をつけるつもりでいるということだよ。

司会　それは、誰《だれ》が考えていらっしゃるんですか。

習近平守護霊　ハッハッハッハッハ。君、それは、まあ、空気だよ。空気。

司会　〝空気〟が考えているんですか。

習近平守護霊　日本人的にはね。

司会　中国人的には、どうですか。

習近平守護霊　中国人的に言えば、胡錦濤と私が考えたということだね。

これから二年間、胡錦濤《こきんとう》主席に仕えるふりをする

司会　となりますと、胡錦濤《こきんとう》主席と習近平さんは、かなりスクラムを組まれているということでしょうか。

習近平守護霊　うーん、まあね。ただ、多少の疑いは、まだ持たれてはいる。

司会　疑いを持たれている？

習近平守護霊　胡錦濤はねえ、だから、先ほども言ってたように、軍の指揮権を私に渡《わた》すのに躊躇《ちゅうちょ》した。

司会　一年間、取れなかったですね。

習近平守護霊　私のことを、完全には信じ切れていない面がまだあって、向こうは、あと二年間、「自分に仕えるかどうか」というようなことを試《ため》すつもりでいるので、この二年間は、実に自重《じちょう》しなければいけない二年間ではある。

司会　自重すると?

習近平守護霊　うーん、だから、胡錦濤に仕えるふりをしなければいけない。

司会　ふりをする?

習近平守護霊　「二年間」ではある。だから、彼が敷《し》いている路線を踏襲《とうしゅう》するかのごとく振舞《ふるま》わなければならない、二年である。

胡錦濤《こきんとう》は国家主席の器《うつわ》ではない

司会　胡錦濤《こきんとう》主席と、江沢民さんは、あまり仲がよくないように思われていますが、習近平さんは、このお二人ともつながっておられますよね？

習近平守護霊　やっぱり、胡錦濤はねえ、もともと、つなぎなんだよ。これは、本来、皇帝《こうてい》になるようなタマではない。

ああ。これは、君、活字になるのは、まずいかもしれないねえ。日本語が読める中国人もいるから……。

司会　ここは日本ですから。

習近平守護霊　うーん、まあ、日本語が読める中国人もちょっといるので、こんなのが出たら、私は……。

司会　中国の中枢《ちゅうすう》の方は読まれないと思います。

習近平守護霊　ん？　ああ、そうか。読まないか。じゃあ、いいか。

司会　はい。

習近平守護霊　本来、主席になる器《うつわ》としては、ちょっと足りん男ではあった。

司会　足りない？

習近平守護霊　ああ。だけども、しかたないので、代役で、とりあえず、つないだようなところがある。まあ、私が、いよいよ「本命」として、今、出てきておるんだよ。

司会　それでは、陰《かげ》では、やはり、江沢民さんとつながっていると考えてよいのでしょうか。

習近平守護霊　ん？　いや、まあ、知りませんがね。ただ、彼は、李克強《りこくきょう》のほうが本当は好きだったので……。

司会　江沢民さんが、ですか。

習近平守護霊　いえいえ。

司会　胡錦濤主席が、ですよね？

習近平守護霊　胡錦濤は、あっちが子飼《こが》いだからね。だから、私が急に出てきたっていうのは、彼の思うとおりにならない勢力が、私を後押《あとお》ししているということだ。それは、まあ、想像はつくわな。

司会　思うとおりにならないのは、人民解放軍ですか。

習近平守護霊　ま、いろいろあるな。いろいろあるけれども、要するに、中国も大きくなったのよ。今、十三億五千万人を超《こ》えて、十四億人になろうとしておる。その十四億の民《たみ》が、十年間、例えば、誰に政権を任せれば、幸福になるのか。それは、やっぱり、大きな選択《せんたく》になるからね。だから、中国にも、いろいろな組織が、圧力団体的に存在するわけだ。

私は、あと二年間は受験生のようなもの

司会　上海《シャンハイ》系や太子党《たいしとう》などから、今、最も多くの支持を集めている人は、習近平さんであると言われています。

習近平守護霊　うーん。ハッハッハ。君、なかなか〝狸《たぬき》〟だなあ。

司会　（笑）

習近平守護霊　本音は言わんぞ、そんなに簡単には。君、私は、あと二年間は、自重の身というか、まあ、受験生のようなものだ。

司会　受験生ですか。

習近平守護霊　受験生の身であって、まだ〝大学〟に合格はしておらんのだよ。受験生なんだよ。

司会　前回、温家宝さんの守護霊が来られましたが、幸福の科学のことをご存じありませんでした。ですから、「中国では、幸福の科学の出版物を、それほど多くの人が読むわけではない」という前提で、本音をお話しいただきたいのですが。

習近平守護霊　ああ、そうか。うん。

反日デモで〝日中逆転ののろし〟を上げた

司会　私には、一つ、大きな疑問があります。

今、内陸部辺りでは、大規模な反日デモが行われています。このデモでは、どうやら、政府の管轄下にある組織の学生たちが動いているようですが、彼は、指示を受けなければ動けない人たちです。

習近平守護霊　うーん。

司会　これを動かしているのは、江沢民さんとか、あなたとか、そのあたりではないかと思われるのですが。

習近平守護霊　江沢民さんは、いちおう引退しているからね。まあ、影響力《えいきょうりょく》がないわけではないが。

北朝鮮《きたちょうせん》もそうだろうけれども、政権交代が起きるときには、多少、〝花火〟を打ち上げないといかんところはあるんでね。

司会　なるほど。

習近平守護霊　なんらかのものを、ちょっと。

司会　これは〝花火〟と見てよろしいわけですね。

習近平守護霊　ええ。ただ、日本にとっては〝黒船来襲《らいしゅう》〟で、こちらが祝砲《しゅくほう》を打ち上げただけでも、「占領《せんりょう》されるか」と思うかもしらんがなあ。

司会　「中国国内においては〝花火〟だ」というわけですね。

習近平守護霊　そうなんだよ。

司会　何を狙《ねら》った〝花火〟なのでしょうか。

習近平守護霊　これは、〝日中逆転ののろし〟を上げたものなんだ。

司会　のろしなんですね。

ただ、今の中国国内の最大の問題は勢力争いですよね。これが起きたときに、誰が最も困るのでしょうか。

習近平守護霊　うーん。まあ、「経済では中国よりも日本が強い」ということが定着していたけれども、それが今年で引っ繰《く》り返る予定になっておるからね。だから、「日本経済は中国経済の僕《しもべ》になった」ということを言わなければいけないな。

それと、「中国は、もうアメリカと対等であり、両国は、互角《ごかく》に相撲《すもう》ができる東西の横綱《よこづな》になった」ということを宣言せねばいかんわけであって、「ナンバーツーから落ちた日本は、もはや横綱ではない」ということを示さねばならんわけだ。

今、排日《はいにち》運動をして、不買運動や焼き討ち、デモなどをやったら、経済的には、普通《ふつう》はマイナスじゃないか。そのくらいのことが読めないほど、私たちはバカではないんだよ。

こういう混乱があると、普通は、一時的なマイナスが起きたり、世界から非難が集まったりすることは、分かってはいる。中国の指導部も、君ね、いちおうインテリなんだよ、もうすでに。だから、その程度のことは、全部、計算できていて、そうした逆風下に耐《た》えるだけの国家的体力があるかどうかを、小手先ではあるけれども、今、実験しているわけだよ。

「そのなかで、次の指導者を決めた」ということであり、そういう意味では、北朝鮮に、やや似ているかもしれませんがね。

胡錦濤《こきんとう》や温家宝《おんかほう》を〝料理〟し、李克強《りこくきょう》には〝踏《ふ》み絵〟を踏ませる

司会　今、最も困っているのは、胡錦濤《こきんとう》さんではないのでしょうか。

習近平守護霊　うーん。胡錦濤さんは、まあ、言葉は選ばねばならないけれども、「もうすでに次の主席が決まった」ということはだね……。

君、英語は勉強しているか?

司会　はい。多少は。

習近平守護霊　これは「レイムダック(lame duck)」と言うんだ、英語では。

分かるかい、レイムダックって？　訳してごらん。ん？　訳せないのか、君。レイムダックも訳せない？　やはり、日本より中国のほうが英語力は上だな。レイムダックが訳せない。

（松島に向かって）君はどうだ、元商社マン？　ああ？　元商社マンだろうが。訳せない？　訳せない！　私に言わせるのか。

それはね、アメリカの大統領なんかで、任期が終わる最後の一年のことを、普通は言うんだけどね。だから、「もはや使用済み」というか、首を絞《し》められ、あとは料理されるだけの七面鳥《しちめんちょう》のようなものだよ。もう首を絞められた七面鳥を、「レイムダック」と呼ぶんだな。

もう胡錦濤は〝首を絞められた七面鳥〟で、次は、料理されて祝祭《しゅくさい》に出される。言ってはいけないことではあるんだけれども（会場笑）。

司会　その料理をしているのは、どなたなんですか。

習近平守護霊　私ですよ。

司会　やはり。

習近平守護霊　当たり前じゃないですか。

司会　やはり。

習近平守護霊　ええ。私は、国家主席としての任期が始まるよりも早く、二年前に、かなりの力をいただいているわけですから、この間に、当然ながら、〝これ〟

を処分しなければいけないわけです。

司会　〝料理〟をする相手は、胡錦濤さん、温家宝《おんかほう》さんでしょうか。

習近平守護霊　当然、温家宝も〝調理〟します。

司会　李克強《りこくきょう》さんは、どうでしょうか。

習近平守護霊　これは、私に忠誠を誓《ちか》うかどうか、それを少し見ているところだね。

ただ、胡錦濤がいるうちは、これを粛清《しゅくせい》はできない。胡錦濤がいるうちは、ちょっと手が出せないんだけれども、胡錦濤が、レイムダック、〝死んだアヒル〟

になったことを確認できたら、要するに、「胡錦濤の命令では、もう軍部が動かない」ということが確定した段階で、これに、「私に忠誠を誓うかどうか」の踏《ふ》み絵は踏ませる。

司会　ほかに、「料理しなくてはいけない」と思う人はいますか。

習近平守護霊　今のところ、李克強以外にライバルはいないと思われるね。

司会　はい。分かりました。

習近平守護霊　これと胡錦濤とが、いちおう一体化しているのでね。

6　日本のマスコミや政治家への工作はあるのか

松島　質問者を交替《こうたい》する前に、あと一つだけ、お訊《き》きします。中国は、ロビー活動といいますか、工作活動といいますか、そういうものが外交上も非常に得意であり、日本の外交に比べても……。

習近平守護霊　君の話を聞くと、何か、みんな話が小さいんだよな。小さな話、小さいことばかり言うから……。

松島　今後の日中関係などの大きな話については、後ろに控《ひか》えている、次の質問者のときに、お伺《うかが》いさせていただきます。
中国は、日本のマスコミへの工作を、どのようなかたちで行ってきたのでしょうか。また、政治家への工作……。

習近平守護霊　マスコミへの工作などは、一切《いっさい》、やっていませんねえ。

松島　いや、あの、NHK……。

習近平守護霊　マスコミへの工作なんか、一切、やってませんね。
ただ、日本のマスコミは、中国を無視していては世界情勢の報道ができないじゃないですか。だから、中国にゴマをすっているんですよ。日本のマスコミは、中国にゴマをすり、中国から情報をもらって報道しなくてはいけないのでね。しかも、だんだん、その量が増えてきているんだね。
中国の情報を報道させてもらえるようにするため、中国に食い込《こ》もうとして、一生懸命《いっしょうけんめい》、向こうが朝貢《ちょうこう》し、ゴマをすっているのであって、うちのほうが工作しているなんてことはありません。そんな、みみっちいことは、していませんよ。

松島　そうですか。政治家についても、そのような……。

習近平守護霊　ああ、一緒《いっしょ》です。君らから見れば、中国は閉鎖《へいさ》国家でござろうから、向こうのほうが、うちから情報を取るために、今、媚《こび》を売ってきているのであり、うちのほうからお願いして、いろいろとやっているなんてことは、ありませんな。

松島　はい。

それでは、質問者を交替させていただき、今後の日本との関係などについて……。

習近平守護霊　日本との関係？　うーん。まあ……。

松島　習近平さんが最高指導者を務める可能性のある、二〇一二年から二〇二二年までの十年間で……。

習近平守護霊　（次の質問者の里村に対して）次のは何だい？　宇宙人か、君は？　そう言われているんだよな？　（『宇宙人リーディング』〔大川隆法著、幸福の科学出版刊〕参照）

あのねえ、私たち中国人はカエルを食べるんだよ、食生活でね。カエルやヘビは食べるからねえ。

松島　（苦笑）では、質問者を交替させていただきます。

7　今後の日中関係を、どうするつもりなのか

二年前に「ネクスト・エンペラー」として論じられていた

習近平守護霊　君がカエルだと聞いても、怯《おび》えないぞ。ハッハッハッハッ。ハッハッハッハッ。

里村　はい。質問者を替《か》わらせていただきました。

習近平守護霊　おいしそうなカエルだな。上海《シャンハイ》では、君みたいなカエルを、よく

売っているんだよ。

里村　（苦笑）

習近平守護霊　あれを料理して食うと、けっこう、おいしいんだよ。

里村　私も、中国で、ずいぶん見かけました。

習近平守護霊　ああ。ハッハッハッ。

里村　今日は、こういう機会をいただきまして、ありがとうございます。

私は、二年ほど前に、習近平さんのことを「ネクスト・エンペラー」として論じた本の出版に携《たずさ》わりました（『ネクスト・エンペラー』〔孔健《こうけん》著、幸福の科学出版刊〕、二〇〇八年五月発刊）。

習近平守護霊　おお、そうかい。

里村　その本は、間違《まちが》いなく、日本で最初に、習近平さんについて論評した本でございます。

習近平守護霊　そうか。君は、そんなに偉《えら》い人だったのか。

里村　そのころから、私は、習近平さんに、このような日が来ると、見ておりました。

習近平守護霊　おお。君、偉いじゃないか。

里村　いえいえ、とんでもないです。

習近平守護霊　よっぽど有名なマスコミの方《かた》なのか。

里村　いえ、以前、「ザ・リバティ」（幸福の科学出版刊）という雑誌の編集長を務めておりました。

習近平守護霊　いや、知ってて言ってるんだよ（会場笑）。ごめんな。

里村　はい。

習近平守護霊　俺《おれ》には、ちょっと人の悪いところがあるからな。知ってて言ってるんだよ。ごめんな。悪かった。謝《あやま》るよ。

里村　いえいえ、とんでもないです。

習近平さんの守護霊様から、直接、お話を聴《き》けるという、本当に素晴《すば》らしい機会をいただきまして、ありがとうございます。

習近平守護霊　だから、「ザ・リバティ」の内容を中国寄りに変えてくれよ。そうしたら、いくらでも、しゃべってやるからさあ。

里村　今回のお話の内容次第によっては、それも……。

習近平守護霊　今日は、悪口を書こうと思って、狙《ねら》っているんだろう?

里村　いえいえ、とんでもないです。そういうつもりはございません。

習近平守護霊　そうはいかんぞ。

世界帝国《ていこく》を建設し、中国を「ナンバーワン国家」にしたい

里村　率直なお話をお伺《うかが》いしたいと思います。

今回、「党中央軍事委員会の副主席への就任が決定した」とのことですが、先

ほどは権力闘争《とうそう》の話もございました。

習近平守護霊　いや、小さい話だよ、権力闘争なんて。（会場の床《ゆか》を指さして）こんな、小さな……、いや、小さくない、君、巨大《きょだい》な、偉大《いだい》な団体でも起きることであるからして、中国のような巨大国家には、それは付きものであってね、まあ、「適者生存の法則」なんだよ。そんなに目くじらを立てて言うことではないよ。

里村　そこで、世界的に見ても、マスコミがまだあまり報道していないことをお訊《き》きいたしますが、将来の国家主席として、習近平さんは、本心では、中国を、どのような国にしようと思っていらっしゃるのでしょうか。

習近平守護霊　だから、「ナンバーワン国家」だよ。君らも大好きだろう？　「ナンバーワン宗教」とか言っているんだろう？　私は、ほかの中国人より、よく知っているだろうが。やはり、知日派なんだな。だから、よく知っているんだよ。君らは世界宗教になりたいんだろう？　同じだ。同じ気持ちなんだよ。

里村　ええ……。

習近平守護霊　だから、世界国家として、私たちも成長したい。かつての大唐帝《だいとうてい》国《こく》や元朝《げんちょう》のような世界帝国を建設して、「中国の時代が来た」ということを世界に告げたい。こういう大きな志を持っていますよ。

里村　世界一を目指すのは経済力の面でしょうか。あるいは軍事力でも……。

習近平守護霊　すべての面で。

里村　すべての面において？

習近平守護霊　すべての面でだね。うん。

中国の国民の八割が「中流意識」を持てるようにする

里村　はい。ただ、先ほど、「市民のなかに入って、苦労をした」というお話も出ましたが、今、中国では、国民の間で経済格差が大きくなっています。

習近平守護霊　うんうん。それを解決するのが、私に託《たく》された任務なんだよ。

里村　そうすると、庶民《しょみん》を豊かにし……。

習近平守護霊　当然。

里村　幸せにする……。

習近平守護霊　もちろん、そのとおりです。

里村　「中国の一般庶民の幸せ」について、どのように考えていらっしゃいますでしょうか。

習近平守護霊　それについては、「すべての人が、ある程度、中産階級レベルに上がれるところまで頑張《がんば》りたい」と思っていますよ。そういう国づくりをするつもりです。

南海の一部には大富豪《だいふごう》がいるけれども、すべての人を大富豪にするのは、さすがに無理だ。人口から見てもね。

ただ、中産階級までは、何とかして上げたい。これについては、謙虚《けんきょ》に日本に学ぶ気持ちはある。

日本では、「自分は下流階級だ」と思っている人は、本当は少ないだろう？　日本では、今、一割もいないだろうな。だいたい、みな、「中産階級だ」と思っている。そういう人が八割はいるだろう？

上流階級というか、「富裕《ふゆう》階級だ」と思っているのは一割ぐらいかもしらんが、下流というか、「下層だ」と思っているのが一割ぐらいで、八割の人々は、「中層、中流だ」と思っているのが日本だな。

いちおう、国家としては、日本のよいところを、きちんと学ぶ気ではあるんだよ。

だから、八割ぐらいの人々が、自分たちを「中流だ」と思っているような国家にはするつもりでいる。「金持ちは一割ぐらいだろうな」とは思うし、貧しい人が全部いなくなることはないとは思うけれども、それを一割程度には抑《おさ》えるところまで行きたい。

それについては、日本を一つのモデルにはしている。

里村　そこで日本を参考にされるのは、素晴らしいことだと思います。

ただ、今、中国でもエネルギーや資源が非常に足りなくなっており、石油に関しても中国は輸入国になっています。これについては、どのようにお考えでしょうか。

習近平守護霊　何せ、人口が多いからねえ、君。

君らが普通《ふつう》は何人家族なのか知らないけれども、今、三人か四人の家族が多いんだろうね。例えば、十五人ぐらい、あるいは二十人ぐらいの家族だと思ってくれよ。そうしたら、君、晩ご飯を食べるときは〝戦争〟だよ。油断したら、食べるものがなくなっているよな。

それが中国の現状なんだよ。だから、本当に、ヘビでもカエルでも育てたいぐらいの気分だね。

やはり、食糧《しょくりょう》危機、それから、水資源危機、エネルギー危機、ものをつくりたくても鉄鉱資源等が手に入らない危機など、さまざまな危機が、今後、予想されるわけでね。これに対応できて、国民を中産階級にもっていけるような、大きな器《うつわ》を持った人材が、今、求められているわけだ。

里村　先般、温家宝さんの守護霊は、「資源が足りないので、世界に出ていき、乗っ取る」というようなことを、おっしゃっていました。

習近平守護霊　乗っ取るつもりはないよ。まあ、それは平和的にやりたいので、乗っ取るつもりはないけれども、中国人の生存が確保できるレベルまでは、やはり、国として後押《あとお》しをしなくてはいかんでしょうなあ。

里村　今、非常にうまく言葉を選ばれましたね。

習近平守護霊　アハハ。あと二年間は〝受験生〟なんだ（会場笑）。いいかい？
まだ合格していないんだからさ。

「中日同盟」を結び、中国と日本を合併《がっぺい》させたい

里村　そうしますと、日本については、どうされるおつもりですか。

習近平守護霊　日本はねえ、また言葉を選ばなければいけないが、非常にいい国だから、友好国だと私は思ってるよ。うーん。

だから、できればねえ……。

どうだい、君、「ザ・リバティ」に、まだ影響力《えいきょうりょく》が少し残っているのかい？

失脚《しっきゃく》したのかい？　どうだ？　まだ影響力があるのか。

里村　多少、影響力はございます。

習近平守護霊　多少、残っている？

里村　はい。多少、ございます。失脚したわけではございません（会場笑）。

習近平守護霊　（里村を指さして）汗《あせ》をかいてる。冷や汗をかいているな。次の編集長は、君を粛清《しゅくせい》しないのか。

里村　大丈夫《だいじょうぶ》です。まだ粛清されておりません（笑）。

習近平守護霊　まだ粛清されない？　まだ影響力が残存しているのか。

では、よく言い聞かせてもらわないといかんけれども、私の本心はだね、「中日同盟」を結ぶことですよ。うん。

「日米同盟は、もう五十年たって、耐用《たいよう》年数を過ぎた」ということで、「今、中日同盟を結ぶことが、アジアの安定と繁栄《はんえい》につながる」と考えておるので、私が国家主席になった場合は、「中日同盟」を結びたい。

これが私の申し入れであるので、「ザ・リバティ」の大スクープにしておいてもらいたいな。

里村　ただ、「中日同盟」と言われましても、「同盟」という言葉はよいのですが……。

習近平守護霊　同盟です。

里村　それは、実際には「属国化」なのではありませんか。

習近平守護霊　いやあ、そんなことはない。対等合併《がっぺい》ですから、属国化じゃありません。

司会　合併？

習近平守護霊　え？　え？　合併は、日本では、悪い言葉なのか。

司会　合併とは、具体的には、どういうことですか。

習近平守護霊　悪い言葉ですか、日本では？　合併は、いいことじゃないか、日産とルノーが合併したように。

司会　「韓国併合《かんこくへいごう》」のような意味での併合ですか。

習近平守護霊　いや、日産とルノーが合併するようなもの……。

司会　「日本併合」ですか。

習近平守護霊　ええ？　ええ？　世界的な企業《きぎょう》である、トヨタとGMが合併する。

悪い話ではないじゃないですか。まあ、そんな感じだね。
だから、中国と日本という、世界のナンバーツーを争っている大国が合併すれば、〝米帝《べいてい》〟にも対抗《たいこう》できるような戦力ができるわけじゃないですか。

司会　では、政府は一つになってしまうわけですか。

習近平守護霊　そうじゃなくて、対等合併だ。だから、役員は派遣《はけん》はするかもしれないけれども、「対等合併だ」と言っているんだ。

里村　今の中国について、建国以来の歴史を見ますと、チベットにしても、ウイグルにしても、そういうかたちで……。

習近平守護霊　そう。合併している。

里村　合併して、チベットでは、チベットの言葉を使わせないようにしました。

習近平守護霊　ええ、ええ、まあ……。

里村　二日前、中国青海省《せいかいしょう》のチベット族自治州で、チベット族の高校生たち数千人が、漢語による教育の強要に抗議するデモをしました。

習近平守護霊　そういう細かい話は、君ね、「ザ・リバティ」のような大雑誌に載《の》せちゃいけないんだよ。

里村　細かい話ではなくて、非常に重要な話だと思うのです。
　では、日本を、どのような国にしていこうと思っていらっしゃいますか。

習近平守護霊　だから、漢民族から、多少、役員を派遣するつもりはある。

里村　ああ。そうすると、「吸収合併」に近いかたちですか。

習近平守護霊　いや、まあ、〝話し合い合併〟だから、そういうわけではない。話し合って合併する。今の民主党とは話し合いができるような気がしているのでね。
　今年は、後半、すこーし中国と日本の関係が荒《あ》れたけれども、これは、ちょっと揺《ゆ》さぶりをかけただけであるので、われらの本心ではない。本来は、「民主党政権と仲良くやりたい」と思っている。ただ、「言うことをきかないと、ちょっと揺さぶることだって、ないわけではないんだよ」ということだな。

天皇陛下には、年に一回「朝貢《ちょうこう》」してもらう

司会　政治体制について、例えば、天皇制は、どうなるのですか。

習近平守護霊　天皇制？　だから、天皇には中国に来ていただきますよ。

司会　それでは、チベットのダライ・ラマのような感じではないですか。

習近平守護霊　天皇陛下には中国に毎年来ていただいてだね、〝中国皇帝〟であ

る私に謁見《えっけん》してくだされば、別にそれで構わない。
それが、「中日同盟」だね。

里村　いや、それは、まさに、かつて中国の歴史上にあった「朝貢《ちょうこう》」というものです。

習近平守護霊　そうだよ。それは伝統的に素晴らしいことであったわけで、中国がいちばん輝《かがや》いていた時代だね。

里村　中国では、かつてそういうことがございました。しかし、日本の歴史上、日本が朝貢したことはないのです。

習近平守護霊　君たちはね、今、騙《だま》されているんだ。気をつけなさい。霊界《れいかい》からも、いろんな人が来るけれども、正体がなかなか分からないだろう。だから、私のほうが、君たちが道を誤らないように、正しいガイダンスをするから、よーく聞いておきなさいね。

君らは、政党をつくって、やっているんだろう？　まだ影響力は微々《びび》たるものであるけれども、日本のオピニオンに、少し影響が出つつあるぐらいのあたりだな。

そのあたりの分析《ぶんせき》を私はしているけれども、その立党が……、幸福党か？

里村　幸福実現党です。

習近平守護霊　実現党か。その立党に当たっては、聖徳太子《しょうとくたいし》というのが加わってるな。これは、大中国に対して、生意気な「対等外交」を言った方だわな。
それが立党しているから、中国と対等に、「伍《ご》そう」としている気配がある。
ただ、それは、日本を非常に危機に追い込《こ》む発想なんだよ。
だから、日本を護《まも》りたくば、やはり、中国をたたえて、中国の保護下に入ると
いうことだ。それが、日本を護るいちばんの道、唯一《ゆいいつ》の道だな。

里村　それは、対等な合併ではございませんね。

習近平守護霊　対等ですよ。天皇陛下が、年に一回、中国に朝貢すれば、それで
いいだけのことですから。

里村　いや。それは、もう、〝日本が護られる〟というよりも……。

習近平守護霊　護るんです。

里村　「日本が失われる」ということです。それは、「独立を失う」ということではございませんか。

習近平守護霊　いや、そんなことはありませんよ。ちゃんと、モンゴルも護っているし、ウイグルも護っているし、チベットもダライ・ラマから護ったんだ。

8 習近平守護霊が描《えが》く「世界帝国《ていこく》」構想

オーストラリアには、中国の人口を分けてあげよう

里村　その「護《まも》っている」という認識が、違《ちが》うのではないでしょうか。

習近平守護霊　そのうち、インドも護ろうと思っているよ。パキスタンも護ってあげようと思っているし、オーストラリアもなかなか人口が増えないから、中国の偉大《いだい》な人口をちょっと分けてやろうかなと思っている。

オーストラリアは地域が大きいだろう？　あんな大きな国なのに、アボリジニ

がちょっといて、あとは流刑《るけい》された白人が少しいて、人口がまったく増えない。女性が不足して、子供が増えないじゃないですか。
だから、中国人を五千万人ぐらいでも移住させたら、それは大発展しますよね。

里村　ただ、それは、オーストラリアの方が喜ぶかどうかという問題があります。

習近平守護霊　それは喜びますよ。名誉《めいよ》白人で扱《あつか》ってもらえますから。

東南アジア諸国は、アメリカに洗脳されている

里村　今、習近平さんの守護霊様は、「護ってあげる」と言われましたけれども、東南アジアの諸国では……。

習近平守護霊　護ってあげる。日本を護ってあげるんだ。

里村　近々、ASEAN《アセアン》（東南アジア諸国連合）の首脳会議がございますけれども、そのなかで、あなたが「護ってあげる」という国々が、「怖《こわ》い」と言って、何とか中国を……。

習近平守護霊　それは間違いだね。それはアメリカに洗脳されてるんだ。
　アメリカが、先の大戦で日本にたまたま勝ったことを奇貨《きか》としてだねえ、このアジアにまで覇権《はけん》を広げていることが、君、歴史的に見て、正しいと言えるか。ここ五千年の歴史を見て、大西洋のアメリカが、このアジア地域を支配することが、君、本当に正しいと、正直に言えるか。

黄色人種は、中国の支配下に入っていただきたい

里村　逆に、正直にお答えいただきたいのですけれども、太平洋のどこまで中国の版図《はんと》を広げようとされているのでしょうか。

習近平守護霊　やっぱり、黄色人種は、いちおう、中国の支配下には入っていただきたい。

いや、「支配下」という言い方は悪いな。「保護下」に入っていただきたい。

里村　はいはい。「支配下」という言葉が、今、出ましたけれども……。

習近平守護霊　いやあ、間違えたんだ（会場笑）。

里村　太平洋の、どこまで広げられますか。

習近平守護霊　だから、黄色いのは全部、保護下だ。あと、白人では、オーストラリアは、資源があるにもかかわらず、人口が不足していて、産業が発展していないので、かわいそうだから、ちょっと助けてあげようと思っている。

アフリカは、「中国の食糧庫《しょくりょうこ》に変えよう」と思っている

習近平守護霊　それから、アフリカは、黄色人種ではないけれども、オバマさん

のような、いい人材を産出した地域でもあるんでね。やはり、「中国の食糧庫《しょくりょうこ》に変えよう」と、今、思っている。

里村　食糧庫に変えるのですね。

習近平守護霊　食糧庫にね。

里村　助けてあげるという言葉も、カッコ付きの「助けてあげる」だと思うのですけれども。

習近平守護霊　いや。中国の人口は、おそらく、十五億人、十六億人へと行くと思うから、これだけの人が食っていくためにはだね、食糧をたくさん輸入しなきゃいけなくなるだろう？

アフリカの国々は、いちばん後《おく》れとるからね。だから、まず、食糧の増産をして、産業を育ててだね。そして、国が外貨を稼《かせ》ぐには、やっぱり輸出しなきゃいけないから、中国が食糧を買ってやれば、アフリカの国は豊かになって、中流を目指して上《のぼ》っていく人が増えるわけだ。

これは、アフリカにとっても、いい選択肢《せんたくし》だな。

里村　アフリカのほうは分かりました。

沖縄《おきなわ》は、もともと中国が支配していた

里村　ちょっと地図の話に戻《もど》しますと、習近平さんの守護霊様から見て、沖縄《おきなわ》は、

日本の領土ですか、それとも、もともと中国の領土とお考えですか。

習近平守護霊　もちろん、沖縄は、もともと中国人が支配していた国だ。「琉球《りゅうきゅう》国《こく》」っていうのは、中国のものですね。

里村　確かに、中国からも、たくさんの人が行きましたけれども。

習近平守護霊　あれは中国文化そのものでしょう？　何か、有名な門があるじゃないですか。守礼門《しゅれいもん》ですか。

里村　はい。守礼門です。

習近平守護霊　それから、民族衣装を見ても、全部、琉球は中国文化ですよ。まあ、君らは沖縄を占領《せんりょう》していらっしゃるので、君らの権利だとおっしゃるだろうけれども、もともと中国のものではあるわなあ。

里村　そうすると、「日本が沖縄を占領している」という認識でございますか。

習近平守護霊　倭人《わじん》が占領してるんだよ。「倭人が琉球を占領している」という感覚だな。

ましてや、アメリカ人なんか、もう、大占領だわな。

里村　そうしますと、やはり沖縄からは、アメリカ人も追い出していくと。

習近平守護霊　いや。「早く、琉球人を解放してやらなければいかん」とは思っている。

チベットもウイグルも〝大中国〟に入ったほうが発展する

里村　その〝解放〟という言葉が出てくると、いつも私は非常にドキッとするのです。中国は、いつも〝解放〟と言って、チベットの人などを……。

習近平守護霊　いやあ、解放だよ。だって、アメリカに侵略《しんりゃく》されたんだろう？　中国は、先の大戦でアメリカに助けてもらったから、こう言うのもあれだけど、アメリカに解放されると、あとが、けっこう長いからねえ。だから、欧米人《おうべいじん》は信用ならない。植民地にしたのは欧米だけでしょう？　あとは、日本がちょっとまねしただけで、黄色人種は悪いことをしていないよ。アフリカを植民地にしたのも、アジアを植民地にしたのも、欧米人ですよね。この時代を終わらせる。うん。それは大事な使命だな。

司会　しかし、中国は、今の時代においては、チベットにしてもウイグルにしても、植民地にしていますよね。

習近平守護霊　うーん。まあ、もともと、〝大中国〟のときには一緒《いっしょ》だったんだ。

司会　いや。〝大中国〟というか、現代において、植民地支配をしているのは、もう中国だけですよ。

習近平守護霊　だけどね、孤立《こりつ》した彼らにおいては、経済力も軍事力も政治力も
やっぱり足りなくて、もう先細っていくだけだから、〝大中国〟のなかに入った
ほうが、やっぱり発展するんだな。

司会　それは詭弁《きべん》ですねえ。

習近平守護霊　いやあ、でも、チベットだって、君ぃ、今、高速鉄道が走ってだね、すごい……。

司会　そんな鉄道が走ったって、自分の国の言葉が使えなかったら、意味がありません。

今後は、中国語が世界語になる

習近平守護霊　いや、言葉なんて、君ねえ、最後は一つでもいいんですよ。

司会　それは、あなたの理由です。

里村　それが中国語である必要はないと思います。

習近平守護霊　こんなにたくさんの言語が、世界にあるっていうことは……。

司会　では、なぜ、チベット語をしゃべってはいけないのですか。

習近平守護霊　全世界に、たくさんの言語があって、ほんと、人類の壁《かべ》になっている。

君らは『旧約聖書』を読んだでしょう?　バベルの塔《とう》の〝あれ〟だな。神の怒《いか》りによって、違う言葉をしゃべるようにされてしまい、お互《たが》いに意思の疎通《そつう》ができなくなったというのが、人類だ。

これを、みんなの意思が疎通できるような言語に統一していくのが偉大なことであって……。

司会　まあ、言語の面は……。

習近平守護霊　そのために、世界語になるのは、いちばん人口の多い所の言葉だ。

それは、どこの言葉かというと、今後、十六億人ぐらいまで増えていくであろう、中国の言葉が中心だ。あと、それを学習する層をつくれば、中国語を使う人が三十億人ぐらいできて、中国語は世界語になる。

中国の男は精力が強いので、宦官《かんがん》の制度が必要だった

司会　それによって、洗脳できますね。中国賛美の下《もと》で教育しますから。

習近平守護霊　いや、そんな洗脳と言ったって、君、日本人も、隋《ずい》の時代、唐《とう》の時代に、中国の制度や文化をずいぶん勉強したじゃないか。同じだよ。

里村　ただ、宦官《かんがん》とか纏足《てんそく》とか、入れていない制度や文化もたくさんあります。

習近平守護霊　だから、それは、日本の男の精力が弱いから、必要がなかったんだよ。

里村　いえいえ。

習近平守護霊　中国の男は精力があるからね。カエルを食ったりして、力があるもんだから、危険なんだよ（会場笑）。

だから、そういう制度が必要だったんだ。置いておくと種をまくので、ちょっと取らなきゃいけない。ヘビを食べたり、カエルを食べたりするもんだから、力が付いてくるのでね。

日本人は精力が弱かったから、そんなにしなくても、大丈夫《だいじょうぶ》だったんだよ。

里村　いや、カエルは私も食べますけれども。

正々堂々の陣《じん》で、沖縄《おきなわ》を〝解放〟してあげよう

里村　それはともかくとして、沖縄《おきなわ》の解放戦線は、いつごろから作戦を開始されますか。

習近平守護霊　沖縄をいつ解放するかな？

ま、とにかく、アメリカに占領されている事態があまり長く続くことは、沖縄人にとっては非常に気の毒なことだ。

アメリカは、「中国を助ける」という名目で、日本全部を占領したんだからね。

まあ、「アメリカが撤退《てったい》していく」ということは、日本にとって、いいことではある。

最後、沖縄がまだ取られたままでいるので、「何とか解放してやらねばならん」とは思っておるよ。

里村　そのための、いろいろな工作をする方たちは、もう沖縄に入っておられるのですか。

習近平守護霊　「工作」という言葉は小さいなあ。

そうではなくて、私は、沖縄については、「正々堂々の陣《じん》で、ちゃんと解放してあげよう」と思っているよ。

司会　ただ、温家宝《おんかほう》さんは、「スパイは、もう十分入っている」と言っておられましたけれども。

習近平守護霊　彼は人間が小さいから、「スパイ」とかいう言葉を使うが、私は、人物が大きいから、そういう言葉は、君、使わないんだよ。

司会　人物の大きい小さいにかかわらず、現状では、「入っている」ということですね。

習近平守護霊　うん？

司会　「今、入っている」ということですね。

習近平守護霊　そういう言い方は、あんまり好きではないなあ。

尖閣《せんかく》問題は、日本を揺《ゆ》さぶるための「外交・軍事の訓練」

司会　尖閣《せんかく》問題についても、まだ、完全に決着しておらず、「今度の日中首脳会談で話そう」という話もありますが、そのあたりは、どうなのですか。

習近平守護霊　まあ、これはねえ、日本の外交力と軍事力、および日米を、今、揺《ゆ》さぶるための、ひとつの「訓練」なんだよ。

私たちは、外交と軍事の訓練をやっているところで、尖閣みたいな、あんなちっぽけな島は、ほんとはどうでもいいんだよ。

司会　では、もう、あきらめるということですか。

習近平守護霊　いや、ハッハッハッハッハ。君も考えが小さいね。

司会　いえいえ。わざと言っただけです。

習近平守護霊　いやあ、練習をしてるだけで、日本政府を揺さぶっているんですよ。

里村　それは、もう、正々堂々と軍を進めるということでございますね。つまり、空母を建造しだい……。

習近平守護霊　軍を進める必要はないんだよ。準備さえすれば、もう、それで終わるから。

里村　日本のほうから白旗を揚《あ》げるということですね。

習近平守護霊　うん。そう。だから、戦う必要なんかないよ。もともと、〝大中国〟と戦える国家なんて、歴史上はなかったんだからね。

里村　うーん。

習近平守護霊　ちょっと最近が、「欧米に侵食《しんしょく》された」っていう、まことに情けない歴史であったんだ。アヘン戦争以降、日本にも負けたりしてね、ちょっと侵略されたりしたことがあった。

だから、このような情けない歴史を二度と繰《く》り返さないように、ちゃんと、「大中華帝国」を建設したいということだ。

司会　なるほど。

日本人は、刀は使えても、核《かく》兵器は使えない

里村　それで、戦わずして日本に白旗を揚げさせようということですけれども、では、逆に、日本がどうなったら、嫌《いや》なのでしょうか。

習近平守護霊　うーん。日本に打つ手はないんじゃないかなあ。私のほうから見て、もう打つ手はないと思うね。

里村　ほう。例えば、日本で核《かく》武装論が出てきたら、どうですか。

習近平守護霊　いや。大丈夫ですね。日本は本気で戦えないから。江沢民《こうたくみん》さんもそうだったけれども、中国人が怒《おこ》るときには、赤鬼《おに》みたいになって怒るからね。こちらのほうが、ああやって怒り、「核兵器を使うぞ」と脅《おど》したら、日本人は引っ込《こ》むね。

里村　ただ、日本人も、いよいよということになると、立ち上がるのが非常に早い国民です。

習近平守護霊　君たちは、刀は使えても、核兵器は使えないよ。

里村　核兵器以外にも、例えば、原子力潜水艦《せんすいかん》の建造ということも考えられます。

習近平守護霊　うーん。全然、怖くないねえ。日本は、前の戦争で、中国の内陸部に侵攻《しんこう》して失敗したんだろう?中国は広すぎて、君らじゃ支配できないからね。一億ばかりの人間じゃ、どうにもならないんだよ。

里村　いや、別に、日本としては、中国の奥深《おく》くまで攻《せ》めていくつもりはございません。

習近平守護霊　だから、結局、日本は勝てないんだ。中国の奥深くに核施設《しせつ》をつくって、日本に打ち込めば、日本は負けるんだよ。いや、すでに、奥深くに、いっぱいつくってますよ。

アメリカは、戦後の日本を完全に弱くした

里村　あるいは、日本で、少なくとも「憲法改正」の動きが起きてくるのは、どうでしょうか。

習近平守護霊　まあ、日本の過去六十五年を見るかぎり、日本人は、昔に比べれば、完全にバカになったわな。

昔は、もっと怖かった。戦前の日本人は、もう光り輝《かがや》いていたけどな。頭もよく、体力も精神力も強くて、日本は怖い国だったよ。だから、中国人は、日本人にはとても勝てなかった。

戦前の日本は、「侍《さむらい》国家」として、知力、体力ともに立派で、軍の訓練も行き届き、軍紀もしっかりしていたからね。強い国だった。

戦後の日本は、完全にアメリカにやられたんだと思うけれども、もうチューインガムを嚙《か》んで、野球をするような国になったわな。そんなレベルになった。

その意味では、アメリカは、日本を弱くしたよな。

里村　そうしますと、強《し》いて言えば、「侍国家・日本の復活」というのが、やはり、怖いことの一つだということですね。

習近平守護霊　いやあ、まあ、君らができるのは、精いっぱいできて、日本列島の防衛だけだろう。でも、韓国《かんこく》を取ったら、もう、お手上げになると思うよ。

すでに日本包囲網《もう》をつくりつつある

里村　ただ、これから、日本は、日本だけではなくて、「東南アジアの防衛」ということまで呼びかけていくと思います。

習近平守護霊　フフン。君、甘《あま》いな。インドネシアは、もはや中国の手中に落ちているんだよ。

日本包囲網《もう》をつくりつつある。挟《はさ》み撃《う》ちするから、逃《に》げられないよ。日本の周りを、中国に朝貢《ちょうこう》する国家でグルッと囲んで、最後に、日本だけが孤立《こりつ》するからね。

里村　インドネシアは、もう落としているのですか。

習近平守護霊　落としています。もう、落ちました。次は、オーストラリアを落とすつもりで、今、頑張《がんば》っているんです。中国に帰順するように、今、進めています。

それから、東南アジアからも、そういう国が、もうすぐ出てくるはずです。

里村　それでは、ロシア、北朝鮮《きたちょうせん》、パキスタン、イランとの関係はいかがですか。

習近平守護霊　ロシアについては、日本が、これから右翼化《うよくか》して、領土問題をいろいろ言ってくるので、そこのところでだけ、共通できる。

本来は仲が悪いんだけれども、「北方四島の領土を返せ」という運動を日本がやるかぎりは、ロシアと組める。

だから、ロシアとは、戦争さえ起きなければ、それで十分だね。まあ、ロシアまでは「領土にしよう」とは思っていない。あそこはねえ、不毛地帯だから、要《い》らないんだよ。

里村　北朝鮮で、新しく後継者《こうけいしゃ》に指名された金正恩《キムジョンウン》氏については、どのようにご覧になっていますか。

習近平守護霊　まあ、若くて、使いやすいんじゃないか。

里村　ああ、なるほど。使いやすいということですね。

習近平守護霊　うん、使いやすいね。かわいいよ。

里村　あと、念のために、お訊《き》きしたいのですが、パキスタンについて、また、さらに、今、核保有国になろうとしているイランについては、いかがでしょうか。

習近平守護霊　まあ、水面下で同盟関係は進んでいますね。パキスタンもイランも、もう中国の傘下《さんか》に入っています。

今、「大中華帝国《だいちゅうかていこく》」という新文明の建設に入ろうとしている

里村　要するに、そういうつながりをつくって、世界をどうされようとしているのですか。

習近平守護霊　中国は武器輸出ができるからね。君らは、できないんだろう？　中国は、技術提供も武器輸出も、いくらでもできるからね。

里村　そういう新しい枢軸《すうじく》をつくって、世界をどのようにするおつもりなのですか。

習近平守護霊　だから、「大中華帝国《だいちゅうかていこく》」という新文明の建設に入ろうとしているわけだ。欧米文明は終わったということだよ。

産業革命から二十一世紀の初めまでで、欧米文明が、アングロサクソンが、世界を支配した時代は終わり、これから、また、世界史的には、「大中華帝国」の時代が始まる。これが、私たちの構想だな。

〝新型マルクス主義〟で資本主義を乗り越《こ》えるつもり

里村　そうですか。「大中華帝国」とは、まさに大きな話ですけれども、その国で使われる言語は何ですか。

習近平守護霊　もちろん、中国語ですけど。

里村　通貨は何でしょうか。

習近平守護霊　え？　元《げん》ですけど。

里村　「言論の自由」は、どのようになるのですか。

習近平守護霊　何の言論の自由？

里村　自由に、ものを言う自由です。

司会　宗教、信教についてです。

習近平守護霊　それは、君、〝国民としての義務〟に反しないかぎりは自由ですよ。

里村　〝国民としての義務〟というのは、どういうものですか。

習近平守護霊　それは、やっぱり〝体制を支える〟ということですよ。

里村　そうすると、「体制批判の自由」というものは認められますか。

習近平守護霊　まあ、それは、トイレのなかで言うぐらいは構わないとは思うよ。

里村　「信教の自由」は、いかがですか。

習近平守護霊　「信教の自由」はですね、今でも、憲法で認めているんですよ。五つぐらいに関してはね。

まあ、君ら、もうちょっと認めてほしけりゃ、一生懸命《いっしょうけんめい》、中国礼賛《らいさん》の記事を書くことだよ。そうしたら、君らの宗教も、中国で百万人ぐらいまでの伝道は許してあげるよ。

里村　ただ、中国の憲法で保障している「信教の自由」は、結局、中国政府が教会の長を決めたりするようなものであり、はっきり言って、かなり国家が支配しています。

習近平守護霊　だからね、君らは間違っている。

君らは、「マルクス主義が敗北した」という考えが、お好きなようだけども、もちろん、ロシアというか、ソ連では、そうなったんだろう。

だけど、中国は、それを見て勉強し、マルクス主義をイノベーションしてだね、〝生き延びられるマルクス主義〟〝修正マルクス主義の新型〟を今、つくろうとしているわけだ。資本主義を乗り越《こ》えるスタイルの〝新型マルクス主義〟を、今、私たちは研究開発している。

マルクス主義は、決して悪いわけではない。日本のエリートたちが、あれだけ惹《ひ》かれたわけだし、菅直人《かんなおと》、仙谷由人《せんごくよしと》、こういう今の日本の指導者たちも、このマルクス主義には、すごく惹かれたわけだ。

なぜ彼らが惹かれたかというとだねえ、やっぱり、マルクス主義が持っている平等主義の部分だよね。

そして、その平等主義が、私たちの目指しているような中産階級をつくっていくということであれば、民主主義的に多数決を取っても、大部分の合意は取れるわけですよ。

だから、マルクス主義は、矛盾点《むじゅんてん》さえ克服《こくふく》することができれば、まだまだ使える考え方なんですね。

今後は、上海《シャンハイ》が〝ニューヨーク〟になる

里村　ただ、現在の中国を見ますと、かなりバブル経済が大きくなっていて、バブル崩壊《ほうかい》の危険性も指摘《してき》されていますね。

習近平守護霊　いやあ、アメリカや日本ほど、ひどいバブル崩壊は起きないと思

っていますよ。もとがひどかったから（笑）、そんなに、どうということはないですよ。

里村　しかし、上海《シャンハイ》などに行きますと、「借主《かりぬし》もいない空室《くうしつ》だらけの建物の部屋がどんどん値上がりしている」という現象が現れています。私が現地の方に訊くと、「上海市が決めている金額なんだ」と言われました。これは、市場原理をまったく無視したかたちであり、危険な兆候が出ていると思いますが。

習近平守護霊　君ねえ、まだ誤解しているようだけれども、上海が〝ニューヨーク〟になるんだよ。かつて、アジア・アフリカ等、主要国の経済人や経済エリートたちが、ニューヨークに集まったように、今後、そういうエリートたちは、上海に集まってくるんだ。

今、「空《あ》き室がある」という現象のことを言っているが、上海が世界の国際都市になった場合には、「その空き室によって、彼らを受け入れるための態勢が組める」というだけのことなんだよ。

里村　はい。分かりました。

大中華帝国における、「日本人の位置づけ」とは

里村　では、大中華帝国の話に戻しますが、そのなかにおける、「日本人の位置づけ」は、どのようになりますか。

習近平守護霊　まあ、「倭人《わじん》」だよな。「倭の国」だからね。人偏《にんべん》が付いたほうの、

小人《こびと》で悪さをする倭人だ。

里村　蔑称《べっしょう》ですね。

習近平守護霊　倭人は中国沿岸をずっと襲撃《しゅうげき》していたからな。そういうタイプの倭人は望ましくなくて、調和、平和のほうの「和の国」の「和人」となった場合には、平和共存できるものだと信じている。

里村　平和共存というのは、具体的にはどういうことでしょうか。

習近平守護霊　ですから、天皇陛下が、年一回、北京《ペキン》にちゃんと来て、謁見をし、中国の国家主席も、安全に日本と交流できるようになれば、それでもう、「中日同盟」成立じゃないか。

里村　〝中国皇帝〟にご挨拶《あいさつ》に伺《うかが》うということですね。

習近平守護霊　天皇陛下にも来ていただくが、もちろん、私も東京や京都に現れるということだね。それで、広島にも参拝して、「このような米帝《べいてい》の破壊活動は二度と地球上で起こしてはならない」ということを両国で共に誓《ちか》い合う。それが大事なことだな。

9　習近平守護霊の驚《おどろ》くべき「正体」

習近平は「チンギス・ハン」の生まれ変わりである

里村　話を聴《き》いていまして、私の頭のなかに「第三帝国《ていこく》」という言葉が浮《う》かんできたのですが。

習近平守護霊　そんな小さな帝国と一緒《いっしょ》にしてもらっては困るな。もっと大きいからね。

里村　習近平さんの守護霊様は、例えば、ヒトラーと会っていませんか。

習近平守護霊　私《わたくし》？　私はヒトラーなんかのような小さな人物とは違《ちが》う。

里村　ああ。

習近平守護霊　もっと偉大《いだい》な人物だからね。

里村　もっと偉大な？

習近平守護霊　あんな小さな者じゃないよ。

里村　どういう方でいらっしゃいますか。

習近平守護霊　私？

里村　「皇帝」ともおっしゃっていますが、もともとは……。

習近平守護霊　私《わたくし》？　知りたい？

里村　はい。

習近平守護霊　私は、チンギス・ハンですよ。

里村　ああ！　そうすると、習近平さんの過去世《かこぜ》は、チンギス・ハン？

習近平守護霊　ええ。生まれ変わりです。

里村　はあ。

習近平守護霊　これは信憑性《しんぴょうせい》があるでしょう。中国の主席ですからね。

里村　それで、先ほど「元朝《げんちょう》」という言葉が出てきたんですね。

習近平守護霊　そうです。私《わたくし》が、チンギス・ハンです。

だから、中国の時代がこれから来るんです。世界精神が私に宿ります。私の考えが世界を支配します。

「元寇《げんこう》」をどう考えているか

司会　そうすると、元寇《げんこう》では日本に敗れましたね。

習近平守護霊　君ね。

司会　はい。

習近平守護霊　君、小さいことを言うねえ（舌打ち）。

司会　いやいや、負けることは小さいことですか。

里村　大きいと思いますけれども。

習近平守護霊　それはねえ、やはり、小さいことだよ、君。

司会　あなたは、「カルマ」という言葉をご存じですか。もし、おっしゃるとおり、あなたがチンギス・ハンだとしても、元という国は日本を攻《せ》めることはできましたが、勝つことはできませんでした（元寇は孫のフビライの代）。

習近平守護霊　それは、君ねえ。やはり、当時の造船技術が悪かったのと、台風のお陰《かげ》があったわけだからね。

でも、ヨーロッパまで攻め取ったアジアの国というのはないんだ。確か、フランス辺りまで取ったよ。

里村　世界帝国となった元ですけれども、ただ……。

習近平守護霊　次はアフリカまでだ。

里村　その元の勝てなかった国が日本です。

習近平守護霊　いや、それは海があっただけのことだ。たまたま海があって……。

司会　今も海はあります。

習近平守護霊　荒海《あらうみ》があったが、今は気象学や船が発達して、航空機まである時代だから、昔と同じにはいかない。

君は、「過去世のカルマ」とおっしゃったが、もし、「過去世で失敗した」と、いまだに言われるようなことが教科書に書かれているなら、その教科書は書き直させてみせる。

司会　ただ、教科書ではカルマは消えません。

習近平守護霊　まあ、よくは分からないが、「元が失敗した」と言うなら、失敗しなかったところをお見せしたい。

他の転生《てんしょう》で「アッシリア帝国《ていこく》」をつくった記憶《きおく》がある

里村　あなたが「チンギス・ハンである」ということは、大変なニュースです。

習近平守護霊　そうでしょう。

里村　これは、世界中の人が関心を持つと思います。

習近平守護霊　そうだよ。だから、早く帰依《きえ》しなさい。

里村　チンギス・ハンとして亡くなられたときのお墓の場所がいまだに分からな

いのですが、死後、どうされたのでしょうか。

習近平守護霊　天上界《てんじょうかい》に還《かえ》って、神様になったんじゃないか。何言ってるんだ。

里村　どのような天上界ですか。

習近平守護霊　天上界？　私は〝世界最高の神〟だよ。

里村　例えば、周りにどんな方がおられますか。

習近平守護霊　そうだな、遙《はる》か下に、エル・カンターレが見えるような気がするなあ。

里村　いや、それは、「逆の側から見ている」という感じがするんですけれども、上下《うえした》が逆になっていませんか。

習近平守護霊　二年間は、私も〝受験生〟だから、ちょっと言葉を遠慮《えんりょ》するがな。大元帝国《ていこく》、いや間違えた、大中華《だいちゅうか》帝国の現代版をつくったら、そらあ、君ねえ、その偉業はキリストや釈迦《しゃか》の偉業に比べて劣《おと》るということはないよ。

里村　チンギス・ハンは、ほかにどんな方として転生《てんしょう》しておられますか。

習近平守護霊　ん？　チンギス・ハン？

里村　はい。

習近平守護霊　まあ、これだけ偉大な方になると、転生はそんなに数多くはないけれども、もっと昔には、中東のほうで、一大帝国をつくった記憶があるなあ。アッシリア帝国かなあ。

里村　ああ。

習近平守護霊　鉄の武器を発明して、中東の支配者になり、アフリカまで攻め込《こ》んだ覚えがある。

里村　そうとうな方でいらっしゃいますね。

習近平守護霊　ええ。だから、私《わたくし》が世界ナンバーワンですね。

「経営の才」がなければ、世界帝国《ていこく》はつくれない

司会　そうしますと、あなたの最も得意なところは軍事ですね。

習近平守護霊　軍事です。経済に見せているのは、これは〝前菜《ぜんさい》〟の部分です。

司会　奥様《おくさま》も歌手に見せかけながら、人民解放軍では少将《しょうしょう》という女性最高の位に就《つ》いておられますね。

習近平守護霊　「歌手に見せかけている」って、君!

司会　見せかけてはいませんね。歌手でした。はい。

習近平守護霊　君ねえ、中国では、プロとして、もう評価が固まっているんであって、見せかけてはいない。

司会　それは失礼しました。見せかけではなく本物です。

習近平守護霊　それは、君、彼女に対して失礼でしょう。

司会　はい。

習近平守護霊　だから、〝皇帝夫妻《こうてい》〟をつくる目的で、そのようになっているということだな。

里村　あなたは、軍事という才能を持っておられますが、今世《こんぜ》は「世界支配」ということが一つの大きな目標でしょうか。

習近平守護霊　軍事力だけで、チンギス・ハンは世界を取ったわけじゃないんだよ。実は、いろいろな戦略・戦術から、帝国のつくり方、用兵、兵站《へいたん》部門、つまりロジスティックスだな、食糧《しょくりょう》の供給部分など、すべての経営の才がなければ、世界帝国などつくれないので、私は〝総合芸術家〟なんですよ。

アメリカは世界を支配できず、「下り」に入ろうとしている

司会　なぜ元は滅《ほろ》びたのですか。今後、どうやって、その弱点を変えていこうと思っておられますか。

習近平守護霊　それは滅びるときも来るさ。才能が巨大《きょだい》すぎた場合には、その跡《あと》を継《つ》げないことがあるのでね。やはり、能力が足りなければ、分裂《ぶんれつ》して、最後には、王朝が変わることもある。

しかし、少なくとも、「世界帝国の試《こころ》み」というのは、神の心にも適《かな》うんだよ。それで、歴史上、ときどき、世界帝国を目指す者が現れるんだ。

「ヒトラーなど小さい」と言ったでしょう?　ヨーロッパさえ統一できなかっ

たんだからね。私はすでに、現実に世界帝国をつくった者の一人だからね。

司会　それでは、中国が滅びるとしたら分裂ですね。

習近平守護霊　やはり、アメリカは世界帝国をつくろうとして、敗れていっているわけですよ。世界帝国をつくろうとして、日本を負かしたところあたりまではいい。

その前は、イギリスだったでしょう？　イギリスの時代からアメリカの時代になり、日本を破ったことによって、世界の超《ちょう》大国になった。そして、太平洋まで覇権《はけん》を広げてきたけれども、すでに植民地時代が終わってしまったので、取れる所がハワイやグアムなどの島ぐらいしかなくなってしまった。

アメリカは、世界帝国自体はつくれないので、強大な軍事力で脅《おど》して、アメリカに臣従させようと考えているわけだ。

まあ、コカ・コーラとか、ハンバーガーとか、ああ、マクドナルドか？　それらは世界に広がったかもしれないけれども、残念ながら、アメリカ文化なるものは、最終的に世界を支配できなかった。それで、今、ピークを越え、峠《とうげ》を越《こ》えて、下りに入ろうとしている。

次に来るものが、やはりある。

あんたがたはあんたがたで、日本文明を世界に広げようとしているんだろうけれども、どっこい、そうはいかない。一億二千万ぐらいの人口を足場にするものよりも、十三億人を足場にした世界帝国構想のほうが現実化する可能性は高い。十倍は高いと考えられる。

インドは、無神論・唯物論《ゆいぶつろん》でお掃除《そうじ》したほうがよい

司会　チンギス・ハンさんは、宗教は認めないのでしょうか。

習近平守護霊　認めてもいいよ。国家にとって、不利なものでなければね。

司会　いや、認めるというか、あなた自身は信仰心《しんこうしん》をお持ちでしょうか。

習近平守護霊　まあ、ないわけじゃないが、とにかく、君らの言う「信仰の自由」が国家分裂の火種になるようなものであれば、やはり、邪魔《じゃま》は邪魔だわな。

いろいろな所を統治していく原理として宗教が使えるなら使ってもいいけれど

も、国家を分裂させるような宗教というのは、ある意味で、そういう軍事と戦うような宗教しかないのでね。

例えば、宗教が頑固《がんこ》なために、イギリスのインド支配は失敗した。インドの宗教に手を焼いて、インドをキリスト教国化することに失敗したわな。

そういう意味で、宗教というのは、帝国主義的な支配の敵になる可能性のあるものなので、いちおう警戒《けいかい》はしなければいけない。

里村　それは、宗教が、常に人々の幸福のためにあるからです。

習近平守護霊　いや、それは宗教の立場からの発言だ。宗教が不幸にしている面もかなりあるからね。

司会　要するに、「宗教」と「あなたの野望」とは対立する可能性があるということですね。

習近平守護霊　インドをよくしようとしたら、本当は、宗教を一掃《いっそう》しなければ駄《だ》目《め》だろう。インドには動物信仰のようなものが、もう山のようにあるじゃないですか。やはり、あれを近代的なものにしなければいけないでしょう。

しかし、その前にいったん無神論・唯物論《ゆいぶつろん》できれいに〝お掃除《そうじ》〟し、それから健全な宗教を一つお立てになったほうがよろしいんじゃないでしょうかね。

里村　国家にとって都合のよい宗教を、ですね。

習近平守護霊　いや、まあ、そういう言い方もあるけれども、今、宗教がインドの足を引っ張っているのは、明らかに事実だわな。ガネーシャという変な象の神様だとか、いろいろな神様がいっぱいいいるんだろう？　あれを少し〝お掃除〟する必要があるわな。

だから、中国にいったん支配されて、お掃除してもらったあとで、健全な宗教に絞《しぼ》ったらいい。君ら幸福の科学がインドを支配しても、悪くないんじゃないかな。うん。仲良くやろうじゃないか、君。

里村　いえいえ。

日本は、単なる「島」にすぎない

里村　最後の質問になりますが、日本も同じように〝掃除〟したいと思っていらっしゃるのですか。

習近平守護霊　日本を掃除したいとは思っていないよ。君ね、中国の側から世界地図を描《か》いてみたら分かるが、日本は、近くにある島なんだよ。

里村　はい。

習近平守護霊　単なる島なんだよ。

里村　中国の島であると?

習近平守護霊　ただそれだけだよ。中国から世界地図を描いたら、「この島が世界を支配する」というような考えは、はっきり言って笑い話だよ。

司会　ただ、そんな、ちっちゃな島に負けたという……。

習近平守護霊　「負けていない」と言っているんだよ！　何を言っているんだ。忙《いそが》しいから、少し手を抜いただけじゃないか。西のほうへ、どんどん広げることに忙しかったから、「もう、そんなちっちゃな島など、どうでもいい」と思ったんだ。

司会　でも、二回も攻めて来ましたよね。

習近平守護霊　いや、そうは言ったって、日本から来て、中国を支配することなど、できやしないのだから、ほっといてもいいんだけれども、朝鮮《ちょうせん》半島を取っちゃったので、ついでに、ちょっかいを少し出しただけなんだ。君ね、元寇と言うが、元《げん》の人間は〝頭《あたま》〟の部分がほんの少し行っただけだ。あの戦争に行ったのは、ほとんど、朝鮮人なんだからね。君らの先祖が戦っていたのは、韓国人《かんこくじん》や北朝鮮人なんだよ。いいかい？

司会　ただ、今の中国だって、多民族になっているのではないでしょうか。

習近平守護霊　ん？　何が言いたいのかよく分からないが、君らは、朝鮮半島の人と戦ったんだ。あそこは中国の属国だったから、君らは、本当はあそこと戦っただけなんだよ。船もほとんど朝鮮半島でつくったものだったからね。だから、朝鮮人が弱かったのよ。

われわれは陸上の戦いが強かったから、大陸で戦っていたんだ。あちらまでずっと攻め取ったからね。今のイスラム圏《けん》からキリスト教圏まで支配圏を伸《の》ばしたわけだから、ヒトラーなどと一緒にされたら困るんだよ。

里村　本日は、習近平さんがどういうところまで考えているのか、魂《たましい》の本来の姿を知ることで、大変よく理解できました。

習近平守護霊　君らのところが大マスコミになったら、北京《ペキン》支局を開かせてあげるよ。

里村　はい……。

習近平守護霊　だから、しっかり応援《おうえん》記事を書くように。

里村　われわれも日本人ですので……。

習近平守護霊　もう、未来は確定したから、無駄な抵抗《ていこう》はやめなさい。

里村　これから日本人に、「大ハーンを相手にしているのだ」ということをしっかりと広めていきたいと思います。

習近平守護霊　うん、そうだよ。だから、「勝てる相手じゃないんだ」ということをよく自覚して、幸福実現党も中国応援団に変えるように努力しなさい。

それ以外に生き残る道はないからね。

里村　本日は、ありがとうございました。

習近平守護霊　はい。

10　「幸福の科学」対「大中華帝国《だいちゅうかていこく》」の戦い

大川隆法　はい、大人物のご様子でした。世界最大の政治家が登場なされたようですね。

私たちの構想とは別の世界構想が、もう一つ、出てきたようです。「これに敗れる」と言われているわけです。

確かに、私たちには軍事力がありませんので、この世的にリアリスティックな目で見ると、向こうが本気であれば、その可能性は高いかもしれません。しかし、多少、意地を張らないといけないところもあるでしょう。

こちらのやり方としては、世界中にエル・カンターレ信仰《しんこう》を広げ、世界各国できちんとした抵抗《ていこう》運動ができるように、文化的な種を撒《ま》いておくことでしょう。自由の火種を撒いておくことが大事です。

要するに、これは、「幸福の科学」対「大中華帝国《だいちゅうかていこく》」の戦いに向かっているわけです。確かに、中国が本気であれば、核《かく》兵器を持っている以上、今のところは負けるでしょう。

里村　「エル・カンターレ文明」と「大中華帝国」の戦いですね。

大川隆法　「あの世で布教しなさい」と言われたら、それまでになります。「この世は、われわれのものだ」と言われたら、そうかもしれません。

確かに、軍神としては、かなりのものを持っているでしょう。まだ、正体が、全部、明らかにはなっていませんが、軍事的な天才として見れば、世界屈指《くっし》の人であることは間違《まちが》いないです。

しかも、統治能力までありましたからね。源義経《みなもとのよしつね》のように軍事が強かっただけではなく、統治能力まで持っていたので、さすがに手強《てごわ》いかもしれません。

前回の足りなかったところをパワーアップして、アフリカまで行くつもりでいるようなので、これは、いよいよ、すごい時代が来るかもしれません。

要するに、二〇二〇年で、アメリカの時代を明確に終わらせるつもりです。これで、読めましたね。

今の日本政府など相手にしていないでしょうね。全然、眼中になく、ゴキブリ退治ぐらいにしか思っていないでしょう。どうにでもなるレベルでしょうね。かなりの大人物のようではありますので、大変です。

北条時宗《ほうじょうときむね》、立つか。厳しいですね。負けそうですね。護《まも》りだけでは、少し厳しそうです。

しかし、中国は、日本包囲網《もう》をつくるつもりらしいので、思想的な戦いを進めなければいけないですね。

あとがき

日本が滅亡するかどうかは、最後は、「エル・カンターレ文明」対「大中華帝国」の戦いになるらしい。どちらがどちらを呑《の》み込《こ》むか、あるいは折伏《しゃくぶく》するかだ。

子ども手当のバラまきで選挙民の歓心《かんしん》を買い、尖閣列島《せんかくれっとう》領海侵犯事件を、那覇《なは》地検《ちけん》の事務判断のレベルにして逃げおおせる卑怯《ひきょう》な政府は、あっという間に白旗を揚げるだろう。テレビ局も、大新聞社も、もうすぐ国営（中華帝国経営）にかわって、あるいはブラックアウトし、あるいは検閲《けんえつ》がかかるというのに、あいもかわらず「民主か自民か」ばかり報道している弱さよ。早く国師の言葉を聞きなさい。

二〇一〇年　十月二十六日

国師《こくし》　大川隆法《おおかわりゅうほう》

『世界皇帝をめざす男』大川隆法著作関連書籍

『温家宝守護霊が語る　大中華帝国の野望』（幸福実現党刊）

『国家社会主義とは何か』（幸福の科学出版刊）

『マルクス・毛沢東のスピリチュアル・メッセージ』（同右）

『アダム・スミス霊言による「新・国富論」』（同右）

世界皇帝《せかいこうてい》をめざす男《おとこ》 ──習近平の本心に迫る──

2010年11月 9 日　初版第 1 刷

著　者　　大《おお》　川《かわ》　隆《りゅう》　法《ほう》

発　行　　幸福実現党

〒104-0061 東京都中央区銀座 2 丁目 2 番19号

TEL(03)3535-3777

発　売　　幸福の科学出版株式会社

〒142-0041 東京都品川区戸越 1 丁目 6 番 7 号

TEL(03)6384-3777

http://www.irhpress.co.jp/

印刷・製本　株式会社 堀内印刷所

落丁・乱丁本はおとりかえいたします
©Ryuho Okawa 2010. Printed in Japan. 検印省略
ISBN978-4-86395-088-7 C0030

Photo: ©Stu-Fotolia.com, ロイター／アフロ

幸福実現党
THE HAPPINESS REALIZATION PARTY

党員大募集！

あなたも 幸福実現党 の党員になりませんか。

未来を創る「幸福実現党」を支え、ともに行動する仲間になろう！

党員になると

○幸福実現党の理念と綱領、政策に賛同する 18 歳以上の方なら、どなたでもなることができます。党費は、一人年間 5,000 円です。
○資格期間は、党費を入金された日から 1 年間です。
○党員には、幸福実現党の機関紙が送付されます。

申し込み書は、下記、幸福実現党公式ホームページでダウンロードできます。

幸福実現党 本部　〒104-0061 東京都中央区銀座 2-2-19　TEL03-3535-3777　FAX03-3535-3778

幸福実現党のメールマガジン "Happiness Letter" の登録ができます。

動画で見る幸福実現党—幸福実現党チャンネルの紹介、党役員のブログの紹介も！

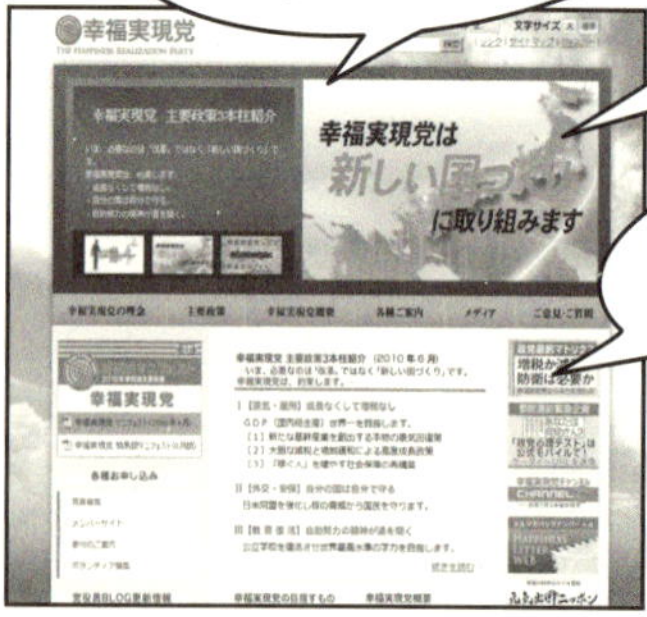

幸福実現党の最新情報や、政策が詳しくわかります！

幸福実現党公式ホームページ
http://www.hr-party.jp/
もしくは　幸福実現党　検索

幸福実現党

この国を守り抜け

中国の民主化と日本の使命

大川隆法　著

◆地域主権の考えを捨て、国家が外交の責任を持て

◆侵略目的を持つ国には、憲法九条の適用を外すべき

◆中国の民主化のために、信教の自由を訴えよ

◆経済の中国依存をやめ、国内に強い経済基盤をつくり上げよ

◆国民・国益を守る気概を持った保守政権をつくれ

1,600円

第１章　この国を守り抜け

第２章　今こそ保守回帰のとき

第３章　宗教と政治について考える

第４章　危機の十年を迎え撃て

第５章　宗教の復活

発行　幸福実現党

発売　幸福の科学出版株式会社

※表示価格は本体価格（税別）です。

幸福実現党

温家宝守護霊が語る 大中華帝国の野望

同時収録 金正恩守護霊インタヴュー

大川隆法 著

中華人民共和国の首相・温家宝の守護霊が、日本侵略計画から対米戦略まで、その本心を語る。また、北朝鮮の新たな指導者・金正恩の心の内を明らかにする。

1,500円

日本外交の鉄則

サムライ国家の気概を示せ

大川隆法 著

日清戦争時の外相・陸奥宗光と日露戦争時の小村寿太郎が、緊急霊言。中国に舐められる民主党政権の弱腰外交を一喝し、国家を護る気概と外交戦略を伝授する。

1,200円

秋山真之の日本防衛論

同時収録 乃木希典・北一輝の霊言

大川隆法 著

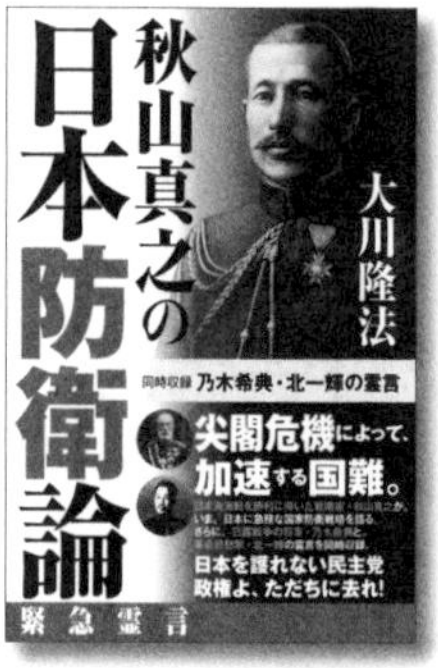

日本海海戦を勝利に導いた天才戦略家・秋山真之が、国家防衛戦略を語る。さらに、日露戦争の将軍・乃木希典と、革命思想家・北一輝の霊言を同時収録！

1,400円

※表示価格は本体価格(税別)です。

幸福実現党

世界の潮流はこうなる

激震！中国の野望と民主党の最期

大川隆法　著

オバマの下で衰退していくアメリカ。帝国主義に取り憑かれた中国。世界の勢力図が変化する今、日本が生き残る道は、ただ一つ。孔子とキッシンジャー守護霊による緊急霊言。

第1章　孔子の霊言――政治編
第2章　キッシンジャー博士の守護霊予言

1,300円

小沢一郎の本心に迫る

守護霊リーディング

大川隆法　著

政界が、マスコミが、全国民が知りたかった、剛腕政治家の本心がここに。経済対策、外交問題、そして、政界再編構想までを語った、衝撃の１０９分。

- **中国に対する考え方**
- **二大政党制の真の狙い**
- **「壊し屋」と言われる本当の理由**
- **政界再編の見通しについて**　など

1,400円

発行　幸福実現党
発売　幸福の科学出版株式会社

大川隆法ベストセラーズ・中国と北朝鮮指導者の本心

アダム・スミス霊言による「新・国富論」

同時収録 鄧小平の霊言 改革開放の真実

国家の経済的発展を導いた、英国の経済学者と中国の政治家。霊界における境遇の明暗が、真の豊かさとは何かを克明に示す。

1,300円

国家社会主義とは何か

公開霊言 ヒトラー・菅直人守護霊・
胡錦濤守護霊・仙谷由人守護霊

民主党政権は、日米同盟を破棄し、日中同盟を目指す!? 胡錦濤守護霊から、「大中華帝国」実現の野望も語られる。

1,500円

マルクス・毛沢東のスピリチュアル・メッセージ

衝撃の真実

共産主義の創唱者マルクスと中国の指導者・毛沢東。思想界の巨人としても世界に影響を与えた、彼らの死後の真価を問う。

1,500円

金正日守護霊の霊言

日本侵略計画(金正日守護霊)vs.
日本亡国選択(鳩山由紀夫守護霊)

金正日の守護霊を招霊し、日本へのミサイル発射の真意や恐るべき北朝鮮の野望などについて訊いた、衝撃のインタヴュー。

1,000円

※表示価格は本体価格(税別)です。

大川隆法ベストセラーズ・混迷を打ち破る「未来ビジョン」

幸福実現党宣言

この国の未来をデザインする

政治と宗教の真なる関係、「日本国憲法」を改正すべき理由など、日本が世界を牽引するために必要な、国家運営のあるべき姿を指し示す。

1,600円

政治の理想について

幸福実現党宣言②

幸福実現党の立党理念、政治の最高の理想、三億人国家構想、交通革命への提言など、この国と世界の未来を語る。

1,800円

政治に勇気を

幸福実現党宣言③

霊査によって明かされる「金正日の野望」とは? 気概のない政治家に活を入れる一書。孔明の霊言も収録。

1,600円

新・日本国憲法試案

幸福実現党宣言④

大統領制の導入、防衛軍の創設、公務員への能力制導入など、日本の未来を切り開く「新しい憲法」を提示する。

1,200円

夢のある国へ――幸福維新

幸福実現党宣言⑤

日本をもう一度、高度成長に導く政策、アジアに平和と繁栄をもたらす指針など、希望の未来への道筋を示す。

1,600円

幸福の科学出版株式会社

大川隆法ベストセラーズ・新しい国づくりのために

未来への国家戦略

この国に自由と繁栄を

国家経営を知らない市民運動家・菅直人氏の限界を鋭く指摘する。民主党政権による国家社会主義化を押しとどめ、自由からの繁栄の道を切り拓く。

1,400円

大川隆法 政治提言集

日本を自由の大国へ

現在の国難とその対処法は、すでに説いている――。2008年以降の政治提言を分かりやすくまとめた書。社会主義化する日本を救う幸福実現党・政策の真髄が、ここに。

1,000円

危機に立つ日本

国難打破から未来創造へ

2009年の「政権交代」が及ぼす国難の正体と、民主党政権の根本にある思想的な誤りを克明に描き出す。未来のための警鐘を鳴らし、希望への道筋を掲げた一書。

1,400円

幸福の科学出版株式会社

※表示価格は本体価格(税別)です。